CRECER DESDE LA CONEXIÓN INTERNA
Las familias ante la sexualidad infantil y adolescente

Pepa Horno Goicoechea

Itziar Fernández Cortés

Acceda a www.editorialsentir.info
para descargar gratis
el contenido adicional,
complemento imprescindible de este libro

Código: SENTILIBROS16

Esta obra ha recibido una ayuda a la edición
del Ministerio de Cultura y Deporte

Crecer desde la conexión interna

© 2024 Pepa Horno Goicoechea e Itziar Fernández Cortés

Primera edición, 2024

Directora de colección: Mercedes Bermejo
Directora de producción: M.ª Rosa Castillo
Revisión técnica: Verónica Fernández Viñuales
Corrección: Anna Alberola
Maquetación: cuantofalta.es
Diseño de la cubierta: ENEDENÚ DISEÑO GRÁFICO

© 2024 Editorial Sentir es un sello editorial de Marcombo, S. L.
   Avenida Juan XXIII, n.º 15-B
   28224 Pozuelo de Alarcón. Madrid
   www.editorialsentir.com

ISBN: 978-84-267-3718-2
D.L.: B 5738-2024

Impresión: Printek
Printed in Spain

CRECER DESDE LA CONEXIÓN INTERNA

Las familias ante la sexualidad infantil y adolescente

Pepa Horno Goicoechea

Itziar Fernández Cortés

A Gael, que anida;
y a José, que vuela.

Índice
de contenidos

PRÓLOGO
DE ELDA MORENO

Son muchas las razones por las que me emociona escribir este prólogo, pero solo mencionaré tres.

La primera razón es que si hubiese leído este libro hace treinta años, mi maternidad habría sido más consciente, protectora y serena.

Soy de la generación que creció con dos cadenas de televisión, que vivió la transición a la democracia y la conquista de muchos derechos, aunque no los de la infancia.

Mi niñez y mi adolescencia transcurrieron en el mismo patio de colegio, rodeada únicamente de niñas y monjas. Pasé esos años confundida y enfadada por las contradicciones entre lo que muchas monjas predicaban y lo que practicaban; intentaban eliminar la diversidad a golpe de uniforme mientras nos discri minaban por razones múltiples. También recuerdo los silencios que, como bien dice este libro, también educan: me dejaron hambrienta de respuestas y desprotegida. Salí con diecisiete años apenas preparada para la afectividad y la sexualidad.

Seguramente mis padres me educaron lo mejor que pudieron, siguiendo el único modelo que conocían: un modelo autoritario con escaso lugar para la comunicación y ninguno para la diferencia de opiniones. Un modelo plagado de silencios, prejuicios y tabús, en particular sobre la sexualidad.

Y así fue como, cuando me convertí en madre, creé «la cucurucha», una palabra que utilicé para referirme al pene de mi hijo, para que me diera menos vergüenza nombrar esa parte de su cuerpo. También dejé la mayoría de «esas conversaciones» a su padre.

Leyendo el texto de Pepa e Itziar, entiendo mucho mejor el impacto de las carencias y los errores en mi educación, mi forma de vincularme a mi familia y a mi red, así como las etapas en el desarrollo de niños, niñas y adolescentes que desearía haber conocido mejor cuando me tocó vivirlas.

Este libro es, de veras, un tesoro para las familias y para los profesionales que trabajan con ellas. De forma clara, eficaz y ordenada, las autoras van dando las claves para entender conceptos que pueden parecer algo técnicos, como el apego, la disociación, la dependencia emocional y los modelos vinculares.

La segunda razón es de orden profesional. Desde hace casi treinta años, trabajo a nivel internacional en la protección y promoción de los derechos humanos. Me he especializado en los derechos de niños, niñas y adolescentes. En 2006, la lucha contra la violencia sexual sobre la infancia se convirtió en una prioridad para el Consejo de Europa. Así surgió el Convenio de Lanzarote para la Protección de los Niños contra la Explotación Sexual y el Abuso Sexual. Este tratado internacional exige a los Estados (incluido el español) que cambien leyes, políticas y prácticas para prevenir, proteger y acabar con la impunidad. La protección de las víctimas y la lucha contra la impunidad han avanzado mucho en España gracias al Convenio, pero aún queda pendiente buena parte del trabajo de prevención. El Convenio exige, por ejemplo, que se introduzca la educación a la sexualidad y la prevención de la violencia sexual en los colegios, en cooperación con las familias. Por desgracia, esta obligación es una de las que menos se respeta en los 48 países que lo han ratificado. El miedo, la ignorancia y los tabús son los obstáculos principales.

Este libro explica de forma brillante la importancia de abordar estos temas con los niños, niñas y adolescentes, y también cuándo y cómo hacerlo. Y responde a una necesidad evidente.

A través de mi trabajo en más de cincuenta países, he podido constatar que los obstáculos son muy similares en todas las geografías. Aunque haya países que nos parezcan más «liberados», eso no significa que en ellos se trabaje de forma ideal la conexión interna o el establecimiento de una red protectora. Además, en la mayoría de los países faltan herramientas para que familias y profesionales aborden el abuso sexual con los más pequeños. Esto nos llevó a crear los materiales de «La regla de Kiko» dentro de la campaña «Uno de cada cinco». El cuento *Kiko y la mano* es, probablemente, una de las publicaciones más difundidas del Consejo de Europa. Gracias a Pepa Horno y a Javier Romeo, ahora estos materiales van acompañados de guías para su utilización y para la formación de profesionales, traducidas a varios idiomas. Creo que si las familias que se oponen a la educación afectivo-sexual escucharan o leyeran a Pepa e Itziar, dejarían de oponerse a ella.

La tercera razón por la que me emociona este libro es que, recorriéndolo, he encontrado claves que me conectan con mi propia historia vital. Ahora entiendo mejor cómo el trauma del abuso sexual que sufrí cuando era niña ha influido en la construcción de mi identidad, en mi modelo vincular, en la forma en la que me relaciono con mi pareja, mis hijos y mi red. Yo era esa niña callada y buena que describen Pepa e Itziar, pero la procesión iba por dentro y nadie oyó los tambores. Por suerte, tengo una espectacular resiliencia, una familia maravillosa, una profesión apasionante, una red extraordinaria y muchas otras fuentes de alegría. Aun así, necesitaba este libro para encontrar respuestas y caminos, para crecer desde mi conexión interna.

Si he elegido personalizar este prólogo ha sido para ilustrar el potencial de este libro y porque sé que sus autoras me lo perdonarán. El abordaje integral que hacen del tema me parece acertado, único y necesario. Por favor, leedlo, aplicad sus recomendaciones y compartidlo.

Elda Moreno
Experta internacional en derechos de la infancia.

INTRODUCCIÓN

La sexualidad es una dimensión del desarrollo del ser humano. Está presente desde que nacemos hasta que morimos. Y tiene que ver con dos aspectos clave: nuestra propia percepción y expresión de nuestra identidad y la forma en la que compartimos afectividad e intimidad con otras personas. Como el resto de las áreas del desarrollo humano, tiene una dimensión biológica, una dimensión psicológica y una dimensión social. Por eso, como familias, hemos de tener claro que, cuando hablamos de sexualidad, no estamos hablando solo de sexo (que también), ni de las relaciones coitales (que también). Hablamos de posibilitar el desarrollo pleno de nuestros niños, niñas y adolescentes; de permitirles la expresión plena y libre de su individualidad y ayudarlos a establecer relaciones sanas y protectoras. Por lo tanto, hablamos de unir la sexualidad a la afectividad y a la protección.

Desde ahí, las familias hemos de comprender que la educación afectivo sexual no es una opción, sino que es un derecho de los niños, niñas y adolescentes. Tienen derecho a recibirla para garantizar su desarrollo pleno y su protección. Y, por lo tanto, también es una obligación institucional garantizarla. Y deben recibirla no solo en la adolescencia, sino desde la primera infancia. Nos toca hablar de sexualidad con nuestros hijos e hijas desde que son pequeños. Lo que variará será el enfoque que demos al tema y la manera en que lo abordemos.

Las familias somos uno de los agentes clave en esa educación afectivo sexual. Pero debemos tener presente que el grupo de iguales, la escuela y las redes sociales van a serlo también.

Nos toca asumir que la educación afectivo sexual la realiza la comunidad entera.

En este libro vamos a ver los recursos de los que disponemos para acompañar a nuestros niños, niñas y adolescentes en el desarrollo pleno de su sexualidad. Su crianza y su educación nos va a requerir estar presentes en su vida cotidiana, conectar con sus necesidades, ayudarlos a mentalizar lo que viven y sienten, mucha consciencia y una red de apoyo protectora en la que apoyarnos. La educación afectivo sexual es una de las tareas de los «tiempos del ser» de los que hablaremos en este libro, los tiempos de los que disponemos para generar vivencias de buen trato, conversaciones significativas y límites protectores. Y es una tarea que nos obliga a tomar consciencia de nuestra historia de vida, de la vivencia de nuestra propia sexualidad y de nuestros modelos vinculares. Porque desde todo ello educaremos a nuestros niños, niñas y adolescentes en la sexualidad.

Y hay dos cosas que esperamos que las familias tengan claras al acabar de leer este libro. La primera es que los seres humanos somos seres en relación. Somos incompletos, vulnerables, pequeños y valiosos, y necesitamos de las otras personas para desarrollarnos plenamente y garantizar nuestra protección. Es en esa relación con las demás personas donde la sexualidad juega un papel clave. La segunda es que una sexualidad plena se construye desde el equilibrio entre el autocuidado y el cuidado de las otras personas, entre la expresión de nuestra identidad y la construcción de la misma en relación con las demás personas, entre la conexión interna y la red afectiva.

1

LAS CLAVES DE UNA SEXUALIDAD SANA Y PLENA

1.1 COMPRENDER LA SEXUALIDAD COMO UN DERECHO HUMANO

La sexualidad humana es una dimensión del desarrollo de la persona que abarca distintas áreas. Algunas son esferas individuales, como la salud o la protección integral de la persona. Otras tienen que ver con la posibilidad de poder expresar y vivir plenamente su sexualidad, tomando las decisiones vitales personales con consciencia y libertad. Para lograr una sexualidad plena se deben cumplir condiciones sociales, como la equidad y el acceso a una educación sexual integral que incluya los recursos y la información necesarios para garantizar esa consciencia.

Por lo tanto, las familias, cuando hablamos de una sexualidad sana y plena para nuestros niños, niñas y adolescentes, debemos mantener una visión biopsicosocial del desarrollo. Debemos comprender que brindaremos una educación afectivo sexual garantizando el cuidado físico de nuestros hijos e hijas, y fomentando tanto su conexión interna con sus sensaciones y sus emociones como su capacidad de construir relaciones afectivas sanas dentro de su vida social.

Y, por otro lado, deberemos mantener una perspectiva de derechos humanos. Este enfoque nos recuerda claramente que la sexualidad no es una vivencia cultural, aunque su expresión esté influida por la cultura. Tampoco es un constructo social, aunque para poder lograr una sexualidad sana y plena de las personas se requiera garantizar recursos sociales e institucionales. **Vivir de forma sana y plena su sexualidad es un derecho humano de nuestros niños, niñas y adolescentes**. Debemos verlos como personas capaces de tomar sus propias decisiones y de lograr un desarrollo pleno si sus familias, su comunidad y las instituciones que los atienden les garantizamos el pleno ejercicio de sus derechos humanos.

Pero, sobre todo, debemos ser conscientes de que las familias somos garantes del pleno cumplimiento de estos derechos humanos en la vida de nuestros niños, niñas y adolescentes. Y eso incluye necesariamente brindarles una educación afectivo sexual en nuestros hogares, que les permita lograr el pleno cumplimiento de sus derechos sexuales y reproductivos, así como pedir a los centros educativos a los que acuden nuestros niños, niñas y adolescentes que brinden también los contenidos necesarios sobre esta temática desde una perspectiva rigurosa y que vincule la sexualidad a la afectividad y a la protección.

Desde esta perspectiva, es fundamental comenzar recordando todos los derechos humanos relacionados con una sexualidad sana y plena, que resumimos en el cuadro a continuación. Este cuadro nos ofrece una visión integral de todos los aspectos que debemos abordar cuando pensamos en la educación afectivo sexual.

DERECHOS SEXUALES Y REPRODUCTIVOS DE LAS PERSONAS

(Elaboración propia a partir de Derechos Sexuales
y Reproductivos de ONU-SIDA y Declaración de la WASP)

PROTECCIÓN

Autonomía, integridad y seguridad del propio cuerpo.

LIBERTAD Y ELECCIÓN

Libertad sexual (expresión de la identidad
y libre ejercicio de la orientación sexual).

Elección sexual (tener o no relaciones, tener o no pareja,
elegir el estado civil, tener o no familia, elegir el número de hijos
y el espacio entre ellos, poder usar métodos
anticonceptivos si así se desea).

INTIMIDAD

Vivencia plena del placer.

Privacidad, intimidad y respeto a la vida privada.

SALUD

Atención integral a la salud sexual y reproductiva.

IGUALDAD

Equidad de sexo y género.

EDUCACIÓN E INFORMACIÓN

Educación sexual integral.

Derecho a recibir información clara, oportuna
y científica acerca de la sexualidad.

1.2 VINCULAR AFECTIVIDAD, SEXUALIDAD Y PROTECCIÓN

La segunda clave para garantizar una sexualidad plena es vincular la sexualidad a la afectividad y a la protección. Esta condición debe darse desde que nuestros niños y niñas nacen. Las sensaciones corporales placenteras deben venir por parte de figuras afectivas protectoras y se deben ajustar sensorial y emocionalmente al bebé. Si esas sensaciones son demasiado intensas y el bebé no puede procesarlas, pueden convertirse en vivencias aversivas que generen confusión y miedo. Un ejemplo claro es cuando hacemos cosquillas a un bebé. Si, como personas adultas, estamos sintonizadas al bebé, las haremos de forma suave y hasta un determinado punto en el que le veamos reírse y disfrutar. Después, pararemos. Porque sabemos que las cosquillas, cuando son excesivas, pueden llegar a resultar invasivas y molestas. Si, por el contrario, no estamos sintonizadas con las necesidades del bebé ni percibimos sus señales no verbales, convertiremos una vivencia placentera —como podrían haber sido las cosquillas— en una vivencia invasiva.

A menudo, las familias no sabemos sintonizar con nuestros bebés y podemos llegar a invadirles o, al contrario, a no dar la respuesta adecuada a sus necesidades, por lejanía y falta de conexión. De hecho, durante las primeras semanas o meses de crianza, esa falta de sintonía es una vivencia bastante generalizada porque el vínculo se está generando y las figuras parentales no sabemos interpretar bien las señales de nuestros bebés. No siempre sabemos por qué lloran ni qué les sucede. Al cabo de un tiempo, cuando el vínculo se fortalece y la convivencia cotidiana nos ha permitido conocer a nuestros bebés, se establece una sincronía en la relación, una fluidez que las primeras semanas —a veces meses— nos parece casi imposible de lograr.

Ese mismo proceso se da en cualquier vínculo a lo largo de la vida. Hace falta un tiempo y vivencias compartidas para generar sincronía, apertura y protección. Del mismo modo, cuando de adolescentes establezcan sus primeras relaciones coitales, será recomendable que lo hagan con alguien a quien conozcan, con quien hayan compartido vivencias, que sepa ajustarse a lo que necesiten, a sus gustos y sus preferencias. Así mismo, tratarán de elegir a una persona a la que conozcan para poder ajustarse de igual forma. Y, por supuesto, a una persona que no les imponga conductas sexuales de riesgo. Solo así surgirá una vivencia placentera y plena en un contexto afectivo y protector.

Desde que nacemos hasta que morimos, ese proceso de sincronía es la condición para una sexualidad plena. Se genera a través del tiempo, de la apertura emocional, la afectividad y un contexto protector. Y no solo es necesario a la hora de establecer vínculos con otras personas, sino también a la hora de conocer nuestra identidad como personas. Necesitamos tiempo, apertura, ser personas afectivas con nosotras mismas y desarrollarnos en contextos protectores para poder generar una conexión interna con nuestras propias sensaciones corporales y emocionales, para poder ponerles nombre, comprenderlas y aprender a manejarlas. Necesitamos tiempo y afectividad para conocernos y reconocer nuestra identidad sexual, para aprender a expresarla de forma libre desde la diversidad y sin enjuiciarnos ni condenarnos. Y, por supuesto, necesitamos tiempo, afectividad y mucho respeto para generar vínculos profundos, y descubrir y reconocer nuestra orientación sexual y nuestros deseos hacia otras personas.

> Nuestro objetivo como familia:
> unir la sexualidad a la afectividad, la diversidad
> y la protección.

En este aspecto, es necesario pararnos un momento a reflexionar sobre el concepto de «protección». Muchas personas asocian la protección a una actitud de vigilancia y control. La asocian al miedo. Piensan en todos los riesgos de los que han de protegerse. En muchos casos, desde la mejor de las intenciones, paralizamos a nuestros niños, niñas y adolescentes de tanto miedo que les generamos. Salen por la puerta de casa con el mensaje cotidiano de «Ten cuidado», como si manteniendo esa actitud de vigilancia pudieran protegerse.

Sin embargo, la protección se basa en generar fortaleza emocional interna en las personas (Horno, 2019). La conexión interna con sus sensaciones corporales les permitirá identificar a tiempo los riesgos; el reconocimiento de sus emociones les permitirá identificar el miedo; y su fortaleza emocional les posibilitará buscar ayuda y apoyarse en su red protectora.

No podemos criar a nuestros hijos e hijas en una burbuja alejada de todo riesgo. Es sencillamente imposible. Es más, aunque fuera posible, sería dañino. Es necesario que nuestros niños, niñas y adolescentes aprendan herramientas para vivir en el mundo tal como es. Han de tener herramientas para afrontar los riesgos y el daño que, antes o después, les tocará vivir. Analizando un ejemplo concreto, no se trata de que no vayan a dormir a casa de otras personas. Al contrario, como estrategia para generar una red afectiva protectora debemos fomentar que compartan cotidianidad e intimidad con otras personas y que conozcan otros hogares y otros modelos familiares. Por nuestra parte, se trata de elegir hogares de familias con las que hay un vínculo y una historia compartida previa, que creamos que son contextos protectores. Se trata de enseñarles a escuchar sus sensaciones corporales y, si van a casa de alguien y no se sienten bien, que sepan que pueden llamarnos y nosotros iremos a buscarlos, o no los forzaremos a volver a ese lugar. Se trata de enseñarles a confiar en sí mismos a la hora de identificar el riesgo, aunque no sepan explicarlo muy bien.

Lo que debemos hacer es generar dentro de sí la fortaleza emocional necesaria para protegerse. Y la educación afectivo sexual es la forma de lograr esa fortaleza interna, porque está relacionada con dos aspectos clave. Primero, con la conexión interna con sus sensaciones corporales y sus emociones, que les permitirá reconocer los posibles riesgos. Segundo, con la creación de una red afectiva protectora a la que poder recurrir cuando se encuentren en peligro, tristes, cansados o se sientan vulnerables. Y a esa fortaleza emocional interna, como familias, nos toca añadir nuestro rol protector a la hora de elegir entornos seguros y protectores para su crianza y a la hora de construir esa red afectiva protectora y sólida a su alrededor.

Por lo tanto, como familias hemos de vincular la educación afectivo sexual sana a:

- Vínculos afectivos sólidos que proporcionen la **seguridad emocional** necesaria para garantizar el desarrollo pleno del niño, niña o adolescente y la construcción de una red afectiva protectora.

- La **presencia** de las figuras parentales en la vida cotidiana de nuestros niños, niñas y adolescentes, de forma que se puedan crear los espacios de comunicación necesarios y se perciban a tiempo las situaciones de riesgo que puedan darse. Esa presencia ha de ser una presencia consciente por parte de las familias. La educación afectivo sexual se desarrolla tanto desde lo que decimos como desde lo que callamos. Nuestra propia vivencia de la sexualidad y nuestra actitud ante ella educará a nuestros niños, niñas y adolescentes. Lo haremos mucho más desde las vivencias compartidas que desde las palabras, y mucho más desde nuestra actitud ante lo que nuestros niños, niñas y adolescentes nos van contando de forma cotidiana que desde una conversación seria provocada de forma puntual.

- La **mentalización** que las familias realizamos sobre las sensaciones corporales y las emociones de los niños y las niñas, de forma que estos puedan construir una conexión interna con las mismas. La mentalización, como veremos a lo largo del libro, se refiere al proceso por el que las familias vamos dando nombre a todo lo que el niño o niña va viviendo; le vamos nombrando y explicando el mundo y, de esa forma, le transmitimos nuestra propia visión del mundo. Lo hacemos con los objetos («Esto es una mesa», «Esto es una silla»), pero también con sus emociones («Tienes miedo») o sus sensaciones corporales («Tienes sueño»).

- Unos **límites protectores** establecidos con claridad y coherencia por parte de las figuras parentales y apoyados por las otras figuras educativas presentes en la vida de nuestros niños, niñas y adolescentes.

- Una **red afectiva sólida y protectora** que proporcione modelos afectivos sanos, integre la diversidad de identidades y sea el recurso al que poder acudir en situaciones de riesgo.

1.3 COMBATIR ALGUNOS FACTORES QUE GENERAN VULNERABILIDAD

En la sociedad en la que vivimos, los niños, niñas y adolescentes afrontan algunos factores que generan vulnerabilidad, que hacen más difícil lograr esa fortaleza interna de la que hablamos. Es necesario, como familias, tenerlos presentes para poder abordarlos (Horno, 2013).

El primero es **el miedo a la diferencia**, el miedo a ser «diferente». Este es un miedo que está presente durante todo el proceso de socialización de un niño, niña o adolescente. Tienen necesidad de pertenencia, de tener esa red afectiva de la que hablábamos, de tener amigos y amigas y no quedarse solos. Pensemos en una escuela. Probablemente, lo peor que le puede pasar a un niño, niña y adolescente a cualquier edad es no tener amistades. Hay una regla esencial en cualquier ámbito de la protección, que establece que el aislamiento conduce al riesgo y que la red conduce a la protección. Las personas, tanto adultas como niños, niñas y adolescentes, hacemos lo que sea para sentirnos integradas. Es nuestra **necesidad de pertenencia**. Porque la pertenencia, desde la perspectiva de la protección, garantiza nuestra supervivencia. Así que es algo casi irracional. Vamos a hacer casi cualquier cosa para sentir que no estamos solos.

Uno de los elementos que más dificulta lograr esa pertenencia es ser «diferente», en el sentido de no seguir la regla estadísticamente mayoritaria. Es diferente alguien que lleva gafas, alguien gordo, alguien a quien le gustan cosas poco habituales, alguien muy inteligente. Hoy en día, solo con que a un niño o niña no le guste el fútbol, que es el deporte que domina los patios de las escuelas, ya es diferente. Es diferente no por su forma de ser o de actuar, sino porque esa forma de ser o actuar se sale de la norma mayoritaria. Es una cuestión estadística. Pero se convierte en una vivencia de exclusión. Y ese es un factor de vulnerabilidad de cara a lograr el desarrollo de una sexualidad plena en muchos más sentidos de los que pueda parecer.

Vamos a dar tres ejemplos. El más claro es el de un niño, niña o adolescente que siente que su identidad u orientación sexual no es la mayoritaria. Va a temer el rechazo. De hecho, en algunos casos, con razón. Desde ese temor puede llegar a negar sus sensaciones, sus deseos y su propia identidad. Puede llegar a asumir conductas de riesgo solo por tratar de ser «normal». Puede incluso asumir la violencia de la exclusión como algo que se merece por su propia sexualidad, generando así un rechazo hacia la misma; lo que se ha llamado «homofobia o transfobia internalizada».

El segundo ejemplo sería un chico o chica que acepta tener relaciones coitales con su pareja antes de lo que desearía porque «Todos lo han hecho ya», porque no piensen que «Soy rara o raro». ¿Quiere tener relaciones? Sí, pero no aún. O el caso contrario, de quien ha tenido relaciones coitales y va a tener miedo de que se sepa porque no quiere ser señalizado.

El tercer ejemplo sería el de los niños, niñas y adolescentes que no sienten lo que se supone que tienen que sentir, que no les interesa el sexo o la pornografía cuando a todos sus compañeros sí, o que no quieren participar en determinados juegos cuando todos los demás lo hacen y presumen de hacerlo. En muchos casos, pueden llegar a sentir que algo falla dentro de sí mismos, que son personas incompletas o inmaduras.

En todos estos ejemplos hablamos de personas que pueden cercenar, sesgar o negar su sexualidad para lograr ser aceptadas, para no ser «diferentes» y lograr ser «normales», entendiendo como «normalidad» lo estadísticamente más probable (nunca como sinónimo de aceptable o adecuado).

Es fundamental trabajar la diferencia como algo obvio, lógico, natural, positivo e inevitable. Todas las personas somos diferentes. La diversidad es la pauta normal y así debería considerarse. Las diferencias son corporales, de gustos, de aficiones, de formas de ser.... Son infinitas, y esa es la riqueza. No es tanto que ser «diferente» sea mejor o peor, sino que todas las personas somos diferentes las unas de las otras. Lo importante es comprender que la diversidad va de la mano con la igualdad; la igualdad de derechos y oportunidades para todas las personas, sean cuales sean sus características individuales.

El problema aparece cuando convertimos esa diferencia en desigualdad; cuando hacemos que unas características, formas de ser o actuaciones sean valoradas como mejores que otras.

Entonces convertimos esa diferencia en desigualdad, que no es sino una forma de violencia estructural en la que crecen nuestros niños, niñas y adolescentes.

> Los riesgos en la sexualidad son, a menudo, producto del miedo a la diferencia (al rechazo) o el miedo a la soledad (al aislamiento).

Los llamados «colectivos vulnerables», cuando hablamos de sexualidad y del riesgo de ser víctimas de violencia sexual, no lo son por sus características o diferencias, sino porque la sociedad legitima un nivel de violencia estructural en el que no se garantizan por igual los derechos y las oportunidades de todos los colectivos. Y, desde ahí, los colectivos minoritarios siempre acaban en una posición de riesgo. Los llamamos «colectivos vulnerables», como si el problema fuera algo que les faltara a ellos y ellas, como si tuvieran una carencia, un problema o una dificultad. Cuando, en realidad, la vulnerabilidad la genera la sociedad legitimando la desigualdad en el acceso a las oportunidades, que coloca a estos colectivos en un mayor riesgo de sufrir violencias sexuales, entre otras.

Por mencionar solo dos ejemplos de las consecuencias de la desigualdad, las personas con discapacidad tienen muchas más probabilidades de ser víctimas de violencia sexual que las personas sin discapacidad; o la normatividad sobre los cánones estéticos impuesta a nivel social, que genera conductas de rechazo hacia las personas cuyos cuerpos no siguen la norma marcada, llegando a poder causar trastornos de alimentación severos en los niños, niñas y adolescentes.

Por todo ello, el miedo a la diferencia está vinculado a otro de los factores clave a la hora de generar vulnerabilidad: el **aislamiento y la exclusión social**. La falta de una red afectiva protectora coloca a las personas en una situación de riesgo casi de forma automática. Porque esa pertenencia, como hemos mencionado, es condición para la supervivencia desde el mismo nacimiento. Generar redes en la vida de nuestros niños, niñas y adolescentes debe ser un objetivo consciente de nuestra educación: que tengan amigos y amigas, que participen en diversas actividades que les posibiliten grupos de pertenencia diversos. El deporte y las actividades de ocio o de fin de semana juegan un papel clave en este sentido para complementar la socialización que se da en la escuela y en las familias. Los niños, niñas y adolescentes que se sienten aceptados y queridos, que cuentan con una red afectiva positiva, tienen más facilidad para generar relaciones afectivas sanas, ser capaces de reconocer sus propias necesidades, mostrar su identidad sexual, aceptar su orientación sexual y poder pedir ayuda cuando se encuentren en una situación de riesgo.

Una tercera variable que genera vulnerabilidad es la **sobreexposición social y la comercialización de la intimidad**. Las redes sociales han generado la necesidad de hacer pública la intimidad y cotidianidad de las personas, llegando a difuminar el límite protector que los niños, niñas y adolescentes deben aprender y del que hablaremos más tarde, respecto a quién, cuándo y cómo permitir el acceso a la propia intimidad. La sexualidad de las personas es una esfera de nuestro desarrollo que tiene una parte que se expresa públicamente, pero gran parte de las vivencias de la sexualidad se viven en contextos de intimidad. Por lo tanto, aprender a establecer límites protectores para esa intimidad es fundamental.

Sin embargo, los niños, niñas y adolescentes de hoy en día son expuestos sistemáticamente —no solo por ellos mismos en su uso de las redes sociales, sino a menudo también por nosotras, las familias, que colgamos imágenes y vídeos de ellos y ellas desde que nacen en las redes sociales—. Es necesario que nos planteemos que nuestros hijos e hijas son personas diferentes a nosotros, con sus propios derechos, y que nuestro deseo de compartir algo bueno de nuestra intimidad no es motivo suficiente para publicar la suya. Sobre todo teniendo en cuenta que, desde el momento en que publicamos un contenido en las redes, perdemos el control sobre su difusión. Como veremos más adelante, volver a recuperar el nivel de intimidad en las relaciones, respecto a lo que contamos sobre nosotras mismas y a preservar lo que los demás nos cuentan, ha de ser uno de nuestros objetivos como familias. Debemos tratar de fomentar en nuestros hijos e hijas los procesos de construcción consciente de la intimidad que veremos en el capítulo cuatro.

Un cuarto factor que genera vulnerabilidad en las personas y nos dificulta lograr una sexualidad sana y plena tiene que ver con **nuestros propios modelos vinculares**. La sexualidad sana y plena se logra cuando la persona es capaz de tomar decisiones autónomas sobre su cuerpo, su intimidad, sus relaciones y su propio autocuidado. Esa autonomía está muy limitada cuando los niños, niñas y adolescentes crecen en contextos sobreprotectores. La **sobreprotección** es un modelo de crianza que las familias podemos ejercer con buena intención, aunque también con falta de consciencia sobre sus implicaciones. Puede generar dependencia emocional y daño en el desarrollo de nuestros niños, niñas y adolescentes. Cuando crecen en contextos sobreprotectores tienen dificultades para lograr la conexión interna con sus sensaciones corporales y sus emociones, porque suelen estar invadidos de las nuestras, las de sus familias, porque no han logrado la separación necesaria para diferenciarse de ellas.

Cuando las familias educamos desde este modelo, no trabajamos para que nuestros niños, niñas y adolescentes sepan lo que sienten y necesitan y puedan actuar en consecuencia, sino para que obedezcan y permanezcan junto a sus familias, creyendo que así podremos garantizar su protección. Podemos llegar a ejercer una presencia invasiva en la vida de nuestros niños, niñas y adolescentes desde la necesidad de control, y a una sobreemocionalidad que nos puede llevar a imponer nuestra propia vivencia emocional a los niños, niñas y adolescentes, y a inculcarles nuestro propio miedo.

Sin embargo, la autonomía es condición para lograr una sexualidad sana y plena y poder establecer vínculos profundos fuera del entorno familiar. Y este aprendizaje de la intimidad y la autonomía empieza mucho antes. Hablamos de la higiene, de los baños, de las camas. Hablamos de que nuestros niños, niñas y adolescentes deben aprender que hay esferas de su vida que han de ser íntimas y diferenciadas de las personas adultas, incluso cuando se trata de sus familias. A partir de los siete u ocho años, y sobre todo en la pubertad, es fundamental que no vinculen su sexualidad a sus figuras parentales. Al placer genital deben llegar consigo mismos o en sus relaciones con iguales, no con nosotras, sus familias. Por eso la higiene, el baño o el hacer caca son actividades que deben aprender a hacer solos y solas.

Como familias, ahí empezamos a marcar límites protectores que podrán generalizar a otros contextos; por ejemplo, a los polideportivos cuando hagan deporte, a la escuela o a unos campamentos. Si alguien los invade en esos espacios, podrán reconocer que no es algo normal. Por ejemplo, mientras se duchan. Necesitamos que si en un polideportivo alguien entra en la ducha mientras se están duchando, lo vean como un riesgo. Necesitamos vincular la sexualidad a la protección y eso empieza por establecer límites protectores. Y para lograr marcar esos límites necesitan desarrollar su autonomía, saber decir «no» y saber sostener la separación de sus familias.

> En las familias enseñamos la intimidad y la autonomía.
>
> Ese equilibrio requiere límites protectores también dentro de las familias.

Vinculado a este factor, hay otro factor importante, que es la **legitimización de la violencia emocional**. Esta violencia está tan arraigada en nuestra forma de relacionarnos que ni siquiera la vemos como tal. La manipulación, la culpabilización, el chantaje, la amenaza... forman parte de muchas relaciones de un modo inconsciente. Pero suponen un riesgo si queremos lograr que nuestros niños, niñas y adolescentes logren una sexualidad sana y plena. Porque son las mismas estrategias que van a emplear las personas que quieran hacerles daño, o que ellos mismos también pueden emplear con otras personas. Ocurre cuando un chico o chica adolescente amenaza con dejar a su pareja si no tienen relaciones coitales; o cuando un niño o niña culpa al otro de lo que le hace sentir, del mismo modo que sus figuras parentales le dicen a menudo «Me sacas de mis casillas» o «Me enfadas» o «Me pones triste», responsabilizando al niño o niña de vivencias emocionales que son suyas. Usamos la manipulación y el chantaje como herramientas educativas demasiado a menudo, y nuestros niños, niñas y adolescentes las normalizan y las aceptan en sus propias relaciones afectivas.

Dentro de esta violencia emocional, es necesario detenerse un momento en el **control**, que en determinados contextos puede ser protector, pero en otros genera violencia. En las familias, a menudo planteamos el control como una forma de amor. Lo hacemos cuando decidimos lo que visten, lo que comen, sus horarios, etc. cuando son pequeños. Pero, a medida que crecen, deberíamos ir flexibilizando para que vayan alcanzando mayores niveles de autonomía. Elegir la ropa de un niño o niña de 3 años es adecuado y protector, puesto que el pequeño o pequeña no contempla que pueda hacer frío en la calle. Sin embargo, elegir la ropa de nuestra hija o hijo adolescente porque no confiamos en su gusto estético sería caer en una sobreprotección que se convierte en violencia.

> Como familias, hemos de revisar el control y la sobreprotección en nuestras propias relaciones.

Lo hacemos con la ropa y con muchas otras cosas. Por ejemplo, si instalamos mecanismos de control en el móvil de nuestros hijos e hijas. Nos permiten seguirlos sin que lo sepan o leer sus mensajes o apagar su móvil a la hora que decidimos sin tener que pelear para que lo apaguen. O si abrimos perfiles falsos en redes sociales para seguir lo que nuestros hijos e hijas publican. En el fondo, todos los adolescentes saben esto; de hecho, normalmente tienen como mínimo dos cuentas: la que facilitan a los miembros de su familia y la confidencial, que denominan «la confi», donde publican lo que no quieren que las personas adultas vean. Llegamos tarde a este mecanismo de control. En lo que respecta a las redes sociales, saben más que su generación predecesora. Pero lo más importante es que cuando nos confrontan y nos preguntan por qué hacemos todas estas cosas, les decimos que lo hacemos «porque los queremos».

Es interesante ver cómo nuestros niños, niñas y adolescentes internalizan que el control es una forma de amor y luego ven normal igualmente que su pareja adolescente les mire los mensajes en el móvil, o los obligue a darle su contraseña o a enviarles la localización para saber dónde y con quién van. Qué importante es que nuestras reglas y límites como familias sean claras y honestas, nunca a escondidas, y siempre como parte de nuestro rol protector. Es importante tener una normativa protectora y obligar a nuestros niños, niñas y adolescentes a cumplirla, aunque tengamos que pelear para ello; igual que en una escuela debe haber unas normas públicas que el profesorado debe trabajar para que el alumnado cumpla y que deben ser siempre de carácter protector. De esta forma, nuestros hijos e hijas deben entender que han de respetar los límites que marcan las figuras de autoridad, sean sus figuras parentales, sus profesores o sus jefes en el trabajo. Pero nunca deben aceptar el control por parte de un vínculo horizontal, como una amistad o una pareja.

Esta diferencia entre los vínculos verticales y los horizontales es clave (Horno, 2017). Los vínculos verticales son aquellos donde se une el amor a la protección y donde las figuras de autoridad asumen la responsabilidad sobre las normas a cumplir para garantizar la protección de las personas a su cargo. Los vínculos horizontales son vínculos entre iguales, entre personas autónomas que deciden compartir una parte de su vida y donde las normas de funcionamiento de la relación se establecen de forma conjunta y en condiciones de igualdad. Son vínculos horizontales la pareja y las amistades. Diferenciar ambos tipos de vínculo es clave de cara a imponer los límites protectores. Como familias, seremos siempre vínculos verticales de nuestros niños, niñas y adolescentes. No somos sus amigos ni debemos serlo porque tenemos un rol de protección sobre sus vidas que, cuando sean autónomos, no deben permitir que ningún amigo o amiga o pareja ejerza sobre ellos o ellas.

Hemos dejado para el último lugar **el factor que genera mayor vulnerabilidad de cara a lograr una sexualidad sana y plena: las dificultades para la conexión interna, tanto a nivel emocional como a nivel de sensaciones corporales**. En este aspecto, como familias, es necesario que pensemos hasta qué punto educamos en esa conexión. Al mismo tiempo, debemos mirar nuestra propia historia. Porque es muy probable que seamos personas educadas justo en lo contrario. En los modelos educativos más habituales de quienes ejercemos hoy en día como figuras parentales lo que primaba era desconectar de nuestras propias sensaciones y necesidades. Esa conexión corporal no se veía como la necesidad primaria que hoy sabemos que es. Es verdad que uno de los elementos que posibilita esa conexión es el aire libre, el juego y la naturaleza, y hace unos años los niños, niñas y adolescentes crecían mucho más en contacto con la naturaleza y con espacios muy amplios de juego al aire libre. En ese sentido, los niños, niñas y adolescentes de hoy en día salen peor parados. Sin embargo, en generaciones anteriores la educación afectivo sexual no se solía abordar en las familias y, en ese sentido, los niños, niñas y adolescentes de hoy salen mejor parados.

Hoy en día están creciendo con varios factores que dificultan enormemente lograr esa conexión interna. Por un lado, nuestras dificultades como familias para poner consciencia, y generar y legitimar algo que no fue legitimado en nosotros mismos. Por otro lado, el mundo de Internet y de las redes sociales, que posibilita a los niños, niñas y adolescentes un mundo relacional mucho más amplio y diverso, pero sin corporeidad. **Los vínculos que establecen por Internet pueden ser muy profundos a nivel emocional, pero carecen de corporeidad**. Es muy difícil para los niños, niñas y adolescentes reconocer las sensaciones corporales que les provocan los contenidos de Internet y las relaciones que establecen en ese contexto, teniendo en cuenta, además, la cantidad y rapidez de manejo de la información a la que se han acostumbrado. Esa rapidez les dificulta procesar la información incluso a nivel racional y emocional, no digamos ya a nivel corporal.

Y una vivencia que ha venido a agravar este factor de vulnerabilidad ha sido la pandemia del COVID19. Una de sus consecuencias ha sido la restricción del contacto físico y de la estimulación de los niños, niñas y adolescentes. **El miedo al contagio producido por la pandemia ha teñido de miedo el contacto físico**, no solo entre personas, sino también con los objetos, por lo que el procesamiento corporal de las experiencias es mucho más limitado y, por lo tanto, menos integrado. De esta forma, si las familias pensamos en favorecer una sexualidad sana y plena de nuestros niños, niñas y adolescentes, se vuelven urgentes las pautas que se incluyen en el capítulo tres sobre cómo generar conexión corporal en ellos y ellas. Porque uno de los riesgos que surgen con la disociación y la desconexión interna de las sensaciones corporales es la necesidad de que la estimulación sea cada vez más grande y aguda para lograr esa conexión. Eso puede llevar a nuestros niños, niñas y adolescentes a conductas de riesgo en la búsqueda de esa conexión corporal interna.

A lo largo del desarrollo del libro, trataremos de brindar a las familias herramientas para contrarrestar estos factores de vulnerabilidad comunes a todos los niños, niñas y adolescentes. Existen algunos otros factores añadidos que afectan a algunos niños, niñas y adolescentes con historias de daño afectivo en su vida, pero en los próximos capítulos nos vamos a centrar en lo que las familias podemos hacer para combatir los factores comunes mencionados en este apartado a través de la educación afectivo sexual.

2

LO QUE DEBEMOS SABER
Y NO SIEMPRE NOS ENSEÑARON

Habitualmente, entendemos la sexualidad como sinónimo de «prácticas sexuales», reduciendo así la sexualidad a la acción, y confundiendo una parte con el todo. Además, lo más común es que pensemos que estas prácticas sexuales se dan entre dos personas heterosexuales adultas; y, si vamos un poquito más allá, es muy probable que la imagen que nos venga a la mente esté relacionada con la genitalidad, más concretamente con la práctica del coito.

Tiene sentido porque durante siglos se ha relacionado la sexualidad con la reproducción. Además, hablar de ello era un tabú, puesto que era algo que solo se practicaba en la esfera de la vida privada, dentro del seno del matrimonio entre parejas heterosexuales con la finalidad de tener descendencia y formar una familia. Y así se ha ido transmitiendo de generación en generación hasta nuestros días.

Sin darnos cuenta, nuestro imaginario, cargado de años de historia y habituado a las viejas costumbres, está invisibilizando por un lado todas las posibilidades de relación entre personas que nos brinda la diversidad afectivo sexual y, por otro, todas las expresiones de sexualidad que encontramos en el resto de etapas del desarrollo evolutivo, como la infancia, la adolescencia o la vejez, pudiendo caer en el error de negar su existencia o de considerarlas extravagantes.

Si pensamos en nuestra propia vivencia de la sexualidad en nuestra crianza, la sexualidad era algo de lo que no se hablaba. Las chicas tenían la regla sin que nadie les explicara qué significaba ni cómo funcionaba. Al no hablar de ello, todo se teñía de miedo a lo desconocido. Los chicos y chicas que llegaban a la adolescencia y sentían deseos eróticos por personas de su mismo sexo se sentían culpables y se esforzaban por negar esa atracción para poder cumplir con las expectativas de sus familias. Al no poder hablar con naturalidad de la sexualidad, no pudimos experimentarla de forma libre y placentera en toda su diversidad.

Sin embargo, como ya hemos señalado, las personas expresamos nuestra sexualidad a lo largo de todo nuestro ciclo vital a través de las relaciones que establecemos. El ser humano es un ser sexuado. La sexualidad tiene que ver con el afecto, el contacto físico, el placer y el conocimiento del otro. Desde que nos desarrollamos en el vientre materno hasta el inevitable deterioro de la vejez, nos seguimos construyendo como hombres y como mujeres. Evolucionamos como personas incorporando cambios sutiles la mayor parte de las veces, drásticos en otras, algunos de ellos determinados a nivel biológico por cambios hormonales, y otros determinados por la cultura y la manera en que cada persona tenemos de vivirnos como seres sexuados.

Desde el nacimiento **comunicamos y recibimos el afecto a través de nuestra piel**, y esto forma parte de nuestra sexualidad. «Hay sexualidad cuando una niña se expresa, disfruta y siente todo su cuerpo mientras baila. Hay sexualidad también cuando un niño se abraza suavemente a su madre mientras esta le canta en voz baja. Y, por supuesto, hay sexualidad cuando un niño y una niña sienten cómo su corazón se acelera mientras se besan a escondidas detrás de un árbol, o cuando una niña siente un temblor especial al rozarse con la piel de otra niña» (Hernández, G y Jaramillo, C., 2006). Todas estas expresiones de la sexualidad tienen significados diferentes por formar parte de contextos y vínculos diversos. Pero todas ellas tienen altas dosis de disfrute y de placer a través de nuestros cuerpos, a solas o en relación, y todas ellas son expresiones de nuestra sexualidad.

Por tanto, es relativamente reciente, históricamente hablando, que vinculemos la **sexualidad con el placer, la comunicación, los sentimientos o la identidad**, considerándola una dimensión del desarrollo humano que forma parte del desarrollo socioafectivo de cada uno y cada una de nosotras.

La **expresión de la sexualidad no es instintiva**, no está predeterminada en nuestro código genético, ni tampoco es tan permanente como nos han hecho pensar, sino que tiene mucho de cultural y, por tanto, de aprendido. Por eso es diferente en cada persona, en cada familia, en cada contexto social, en cada país y en cada momento histórico. Es diferente, incluso, en cada momento de nuestra propia historia de vida, puesto que nuestra forma de vivir la sexualidad va cambiando a medida que vamos cumpliendo años. ¿A que no vivimos la sexualidad ahora igual que cuando éramos adolescentes? De forma generalizada, podríamos decir que estos cambios suelen ir a mejor, puesto que la madurez y la experiencia nos van ayudando a conseguir más seguridad.

Lo **biológico y lo cultural son inseparables** y es muy difícil delimitar claramente qué corresponde a qué cuando nos referimos al proceso por el cual nos convertimos en personas sexuadas. Como iremos viendo a lo largo de este capítulo, somos seres sociales y estamos en constante relación desde que llegamos al mundo, y será a partir de todas nuestras experiencias vitales como nos iremos convirtiendo en hombres y en mujeres.

> En la sexualidad, lo cultural, la historia de vida y lo biológico son inseparables.
>
> Nuestra propia vivencia de la sexualidad condicionará la de nuestros niños, niñas y adolescentes.

Aunque la ciencia ha avanzado mucho y sabemos cosas que antes desconocíamos, a nivel biológico no hemos cambiado tanto. Pero nuestra cultura sí lo ha hecho. La llegada de Internet ha supuesto una revolución que lo ha cambiado todo. Hay un abismo entre la forma que teníamos de relacionarnos en nuestra adolescencia en los años ochenta o noventa y la de ahora, donde se han digitalizado los escenarios de encuentro. Por eso a veces no comprendemos las dudas de nuestros niños, niñas o adolescentes, o los matices sobre los que reflexionan hoy en día en torno a su identidad y su sexualidad.

Pero ¿hemos pensado alguna vez qué pensaban nuestros abuelos y abuelas de nuestra forma de vivir la sexualidad? Es muy probable que pensasen lo mismo al oír hablar de métodos anticonceptivos, de la homosexualidad o del divorcio. Aspectos que en su época iban en contra de «la naturaleza humana» y que a día de hoy tenemos tan interiorizados que se han convertido en derechos en la mayor parte de los países desarrollados, y nos cuesta imaginar que alguien pueda estar en contra de los mismos.

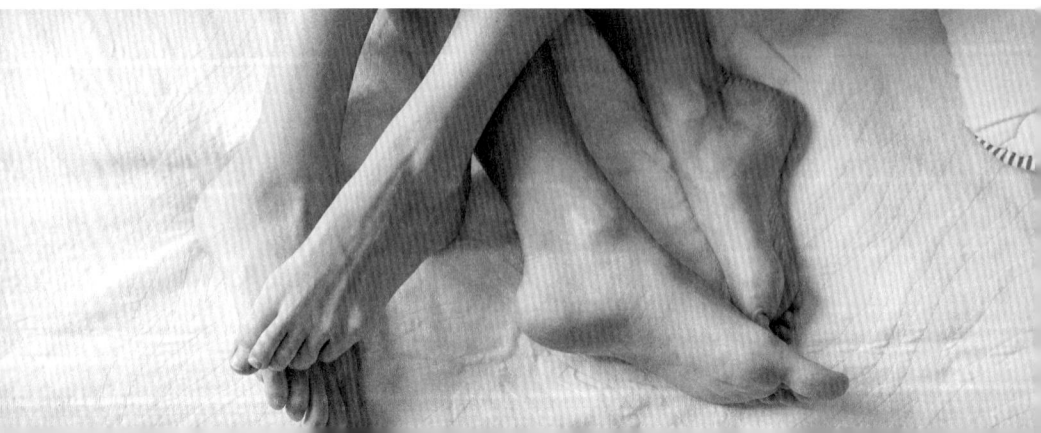

Para las generaciones anteriores no había mucho sobre lo que reflexionar en torno a su sexualidad, puesto que **los mandatos sociales y culturales** no les dejaban mucho margen a la hora de imaginarse teniendo relaciones sexuales lejos del contexto del matrimonio y con un fin reproductivo. Además, las personas que se aventuraban a hacerlo eran, en muchos casos, tachadas de inmorales o desviadas, perseguidas y juzgadas.

Pero la historia nos demuestra que, aunque minoritarias, siempre ha habido personas (normalmente jóvenes y adolescentes) que han cuestionado las normas y se han enfrentado a la presión social, a pesar del estigma y el castigo que sufrían por ello, saltándose la línea roja de lo «socialmente aceptado». No olvidemos que gracias a ellas hemos ido evolucionando hasta convertirnos en sociedades más libres, diversas e igualitarias. Internet acaba de cumplir 40 años, por lo que no podemos echarle la culpa de sugestionar a las generaciones anteriores. ¿Será que siempre han existido personas capaces de vivir su sexualidad con libertad, capaces de expresarse de forma única e irrepetible?

Por tanto, y por todo lo señalado hasta ahora, es importante que, como familias, asumamos el reto y rompamos la transmisión de modelos obsoletos que convierten la sexualidad en un tabú. Debemos dar la importancia que le corresponde al hecho de **favorecer el desarrollo sano y placentero de la sexualidad de los niños, niñas y adolescentes**, puesto que es la única manera que tenemos de favorecer su desarrollo integral como personas, ayudándolos a conocer y conocerse, a aceptar y aceptarse, y a aprender a expresarse desde una sexualidad sana, coherente y satisfactoria.

Esta es, en definitiva, una forma de invertir en su futuro y una forma de apostar por sociedades más justas e igualitarias.

2.1 LAS FASES DEL DESARROLLO SEXUAL DEL NIÑO, NIÑA Y ADOLESCENTE

Como hemos visto, el proceso mediante el cual nos vamos construyendo como personas sexuadas es importante desde que llegamos al mundo. Podríamos decir que se inicia incluso antes de nacer con las expectativas sociales que se generan en el momento de conocer si la futura criatura será un niño o una niña. Este desarrollo sexual puede ser muy diverso y sigue ritmos individuales, pero es común que se vayan alcanzando determinados hitos en función de cada etapa.

Hemos querido dividir este apartado en cuatro bloques diferenciados, apoyándonos en las diferentes etapas del sistema educativo. Pero debemos ser conscientes de que cada bloque fluye hacia el siguiente de forma progresiva diluyendo sus límites, y que niños, niñas y adolescentes pueden anticipar o retrasar el paso por cada uno de ellos en función no solo de su edad, sino también de sus características individuales.

De esta manera, comenzamos con un primer bloque, donde abordamos el desarrollo sexual en la primera infancia, que abarca desde el nacimiento hasta los tres años. En ese momento, damos paso a la segunda infancia, donde de forma generalizada comienzan su andadura escolar con el segundo ciclo de educación infantil, siendo este nuestro segundo bloque, que abarca de los tres a los seis años. El tercer bloque se corresponde con el Ciclo de Educación Primaria, desde los seis hasta los doce años. Y con el paso al instituto englobaríamos en un cuarto bloque toda la etapa de la adolescencia, de los doce a los dieciocho años. En resumen:

- Primera infancia (0 – 3 años)
- Infantil o segunda infancia (3 – 6 años)
- Primaria (6 – 12 años)
- Adolescencia (12 – 18 años)

2.1.1 PRIMERA INFANCIA (0 - 3 AÑOS)

Debemos comenzar señalando cómo de recién nacidos necesitamos la cobertura de nuestras necesidades básicas para sobrevivir; y estas van más allá de la alimentación, la higiene y el sueño. Las familias pasaremos los primeros días y meses de vida centradas en instaurar la lactancia, observando pañales para comprobar que se alimentan correctamente y estableciendo rutinas de sueño para que descansen y descansemos. Sin embargo, hay otras necesidades básicas igual de importantes a las que no prestamos tanta atención de forma consciente o, al menos, en las que no se nos insiste tanto, que son las necesidades de **seguridad emocional, estimulación, exploración y contacto físico.** La calidad y la calidez con la que lleguemos a satisfacer esas necesidades serán determinantes para el desarrollo de nuestros niños y niñas.

> Las necesidades básicas de la primera infancia son seguridad emocional, estimulación, exploración y contacto físico. La calidad y la calidez con la que lleguemos a satisfacer esas necesidades serán determinantes para el desarrollo de nuestros niños, niñas y adolescentes.

Para educar la sexualidad de nuestros niños, niñas y adolescentes tendremos que reflexionar primero sobre cómo nos educaron, el modelo vincular que nos brindaron y cómo es nuestro estilo de crianza con nuestros hijos e hijas. En función de cómo nos relacionemos en sus primeros años de vida, les estaremos enseñando a valorarse a sí mismos y a valorar lo que pueden esperar de los demás.

Por eso una de las claves que, como familias, debemos instaurar en nuestras relaciones con los niños y niñas desde recién nacidos es que no basta con quererlos, sino que debemos expresarlo de forma explícita para que se sientan queridos, a través de caricias, abrazos y palabras afectivas. Debemos partir siempre de esta premisa: «A amar no se aprende amando, sino sintiéndose amado» (Horno, 2004).

Esa expresión del afecto generará una sintonía con los recién nacidos. Por su parte, los bebés están biológicamente predeterminados para establecer vínculos emocionales profundos con otra persona y para buscar la seguridad en su presencia: **el vínculo de apego.** Podrán hacerlo si existe una persona o personas que se impliquen en su cuidado. Estas personas son lo que llamamos «figuras o referentes de apego»; normalmente son mamá y papá, pero no siempre es así. Serán las personas que asuman el cuidado y crianza en los primeros meses de vida. Pueden ser abuelos, educadores, cuidadores contratados, etc.

El objetivo del apego es brindar al bebé la seguridad emocional y física necesaria para desarrollarse plenamente. Por lo tanto, se crea a través de los cuidados cotidianos. La biología lo favorece, pero no es suficiente. El apego no es, por lo tanto, una cuestión solo de amor, sino de seguridad, presencia, permanencia y cuidados.

Como familias, nos convertimos en fuente de protección y seguridad. Pero si, por ejemplo, una familia, por motivos laborales, deja a su hijo o hija de pocos meses al cuidado de una tercera persona durante la mayor parte del día, quien establecerá el vínculo de apego con ese niño o niña será la persona cuidadora, puesto que será quien le abrace, le cante, le alimente o le calme cuando se muestre irritado. Será, por tanto, esta persona la que cubra sus necesidades básicas y se convertirá en su fuente de seguridad.

Las figuras vinculares son las personas con las que establecemos vínculos afectivos profundos a lo largo de nuestra vida y que condicionan nuestra forma de ser y de relacionarnos.

Las figuras de apego fueron nuestras primeras figuras vinculares, las que garantizaron nuestra seguridad y subsistencia haciéndose cargo de nuestro cuidado cotidiano en los primeros años de vida.

Es en esta primera relación vincular, la relación de apego, donde las personas aprendemos a comunicarnos en la intimidad, a confiar en nosotras mismas y en los demás. A partir de esa primera experiencia crearemos un modelo vincular, una forma de relacionarnos que tendrá repercusiones a lo largo de toda nuestra vida.

Bowlby estableció que los bebés muestran este conjunto de respuestas innatas de apego en tres tipos de comportamientos (Bowlby, 1986):

1. Intentos de mantener la proximidad con una figura de apego para asegurarse su protección y cuidado, a través de conductas como llorar, llamar o pegarse al adulto.

2. Uso de la figura de apego como base segura desde la que explorar el ambiente.

3. Recurrir a una figura de apego como base segura en situaciones de peligro o de alarma.

Siguiendo las aportaciones de Bolwby, Mary Ainsworth y colaboradores (Ainsworth, 1979) definieron tres estilos de apego basados en las expectativas del niño o la niña acerca de la disponibilidad afectiva de sus cuidadores: **apego seguro, apego evitativo y apego ansioso ambivalente**. Posteriormente, Main y Solomon añadieron un cuarto estilo: el **apego desorganizado** (Main y Solomon, 1986). Se acepta que aproximadamente un 60 % de la población tiene un apego seguro, mientras que un 40 % tiene un apego inseguro (Guerrero, 2020).

Podemos definir el **apego seguro** como el equilibrio entre la búsqueda de la proximidad y la búsqueda de exploración por parte del niño o la niña. Si como familias somos capaces de satisfacer adecuadamente sus necesidades y nos relacionamos de forma afectuosa y sensible, el tipo de vínculo que estableceremos será seguro. Nuestros hijos e hijas aprenderán que pueden confiar en nosotros e interiorizarán una imagen positiva de sí mismos al sentirse protegidos. Además, si el entorno es seguro, el niño o la niña podrá explorar con libertad y saciará su curiosidad alcanzando poco a poco mayor autonomía.

Atender a sus necesidades no significa que tengamos que proporcionarles todo lo que nos demandan. A medida que crecen tendremos que ir enseñándoles lo que es adecuado y lo que no, y tendrán que ir aprendido a tolerar la frustración y a poder esperar, por lo que es fundamental que establezcamos normas y límites.

Los niños y niñas que desarrollan un apego seguro con sus familias tenderán a relacionarse de una manera más sana con sus amigos y amigas, tanto en el presente como en su futura vida adulta. Las personas adultas con un modelo vincular construido desde una relación de apego seguro tienden a relacionarse desde el respeto y la empatía. Son personas a las que les resulta fácil sintonizar con las necesidades de otras personas y comprender sus señales.

Son personas con un buen autoconcepto, que son capaces de reconocer sus limitaciones y que saben pedir ayuda. Identifican adecuadamente sus emociones y son capaces de regularlas. Eso no significa que no tengan problemas ni que siempre estén bien, sino que tendrán más herramientas para afrontar los conflictos que les lleguen en la vida diaria.

Pero ¿qué pasa cuando las señales de un bebé no son atendidas? Cuando llora para transmitirnos su necesidad y sistemáticamente no se le responde, cuando no somos capaces de responder, o respondemos desde nuestra propia necesidad sin ajustarnos a la suya, o lo hacemos demasiado tarde. Entonces no somos base de seguridad, no logramos atender la necesidad ni calmar al bebé. De ese modo, llegará un momento en que dejará de expresarse, de intentar comunicarse con sus figuras parentales, porque anticipará que nadie acudirá en su ayuda. Este sería un estilo de relación característico del **estilo de apego evitativo**.

Este tipo de apego es fácilmente malinterpretado. Se cree que los niños y niñas que construyen relaciones de apego evitativo con sus figuras parentales son independientes, capaces e incluso más inteligentes que los demás. Muchas veces se ha repetido ese mensaje de «No lo cojas en brazos, que lo malcrías», sobrevalorando la independencia al entender que era un signo de madurez y seguridad. Olvidamos que un bebé es una persona indefensa, que depende de los demás para cubrir sus necesidades. No queremos personas adultas en miniatura. Queremos que demanden y pidan ayuda. En ocasiones, cuando un niño o niña reclama los brazos de sus figuras parentales de forma habitual, en lugar de considerar que está cubriendo una necesidad de seguridad y afecto, se considera algo negativo.

Además, las familias con un estilo evitativo tienden a ignorar el mundo emocional de sus hijos e hijas, quitándole importancia al considerar que eso los hace «más blandos», y primando todo lo que tenga que ver con el mundo racional y con la obediencia. Por eso a los niños y niñas que crecen con relaciones de apego evitativas con sus familias los describimos como «muy maduros», puesto que demuestran una independencia que no les corresponde por edad. Son más racionales y poco cariñosos, y muestran dificultad para confiar en los demás. Están más interesados en sus resultados académicos y en dar una buena imagen, y pueden llegar a ser muy perfeccionistas. Han aprendido a no mostrar sus emociones, por lo que llegan a tener dificultades para identificarlas.

Al convertirse en personas adultas, estos niños y niñas habrán aprendido a reprimir sus emociones y habrán interiorizado el mensaje de «No necesito a nadie», por lo que se reforzará su sentimiento de autosuficiencia. Esto puede llevarlos a ser personas distantes y poco empáticas y a tener dificultades para entregarse a una relación afectiva que requiera compromiso y cuidado mutuos.

Otra forma de vinculación insegura sería el **estilo de apego ansioso-ambivalente**, que se produce cuando las figuras vinculares dan respuesta a las demandas del niño o niña de forma inconsistente. Unas veces responden y otras no, dependiendo de su estado emocional. Y cuando lo hacen suelen tender a invadir al niño o niña con su propio estado emocional, porque responden desde su propia vivencia, sin sintonizar con la del bebé. Por eso, estos niños y niñas aprenderán a insistir mucho más para llamar su atención. Los niños y niñas aprenden que tarde o temprano pueden conseguir su objetivo, por lo que aumentan sus llamadas de forma ansiosa, al no tener la certeza de que su necesidad vaya a ser cubierta.

Por ejemplo, con ánimo de fomentar el desarrollo de su autoestima, son familias que celebran de forma exagerada los logros de sus hijos o hijas: «¡Qué maravilla de dibujo, lo has hecho tú solito, es increíble!». Sin embargo, otros días la reacción pasa a ser más comedida, o incluso no se le da importancia al dibujo. El niño o la niña, acostumbrado a reacciones fascinantes, insistirá hasta conseguir el halago esperado: «Mamá, ¿has visto lo que he hecho?, ¿te gusta?, ¿es bonito?» considerando que es la respuesta que necesita para sentirse validado. En las aulas de educación infantil es muy fácil ver estas diferencias: niños y niñas que se sumergen en la actividad de pintar sin necesidad de aprobación, mientras que otros y otras se levantan constantemente a enseñar su dibujo al maestro o maestra esperando que les digan: «Muy bien» o «¡Qué bonito!».

Este tipo de figuras de apego, además, tienen dificultad para gestionar sus propias emociones y, en ocasiones, invaden al niño o niña con sus respuestas desproporcionadas. Tienden a magnificar y a exagerar sus demandas, y sus propios miedos los llevan a la sobreprotección. Se desbordan ante las emociones de sus hijos e hijas, lo que hace que estos vivan las emociones con más ansiedad, al ver la reacción de sus figuras parentales.

Desde estas relaciones de apego, los niños y niñas tienden a construir una autoestima más baja, y a estar muy pendientes de la validación externa, con altos niveles de ansiedad. Tienden a magnificar sus problemas y a no saber gestionarlos emocionalmente. Por otro lado, a nivel relacional pueden ser personas muy intensas y algo pegajosas, que dan constantes muestras de afecto o piden confirmación del vínculo y el afecto. Su necesidad de pertenencia los hace más vulnerables a la presión de grupo, y pueden llegar a hacer cosas que no desean realmente.

Cuando llegan a la edad adulta son personas con poca autonomía, dependientes del resto. Necesitan el refuerzo constante de que sus decisiones son acertadas, que se les preste atención y se les demuestre el afecto para sentirse seguras. Piden constantemente «pruebas» del cariño de las otras personas, de que el vínculo sigue vivo —sea con sus familias, con amigos o con sus parejas—, porque su seguridad depende de sentirse acompañadas y su temor básico es ser abandonadas. Por eso necesitan siempre comprobar que las personas siguen ahí: «Ya no me llamas, hace mucho que no quedamos, no te acordaste de mi cumpleaños...». En sus relaciones afectivas de pareja son personas más dependientes y/o celosas, por lo que necesitan que su pareja las ayude a regular las emociones que les desbordan.

Por tanto, si estableciésemos dos continuos —uno de ellos entre la sobreprotección y la autonomía, y el otro entre la razón y la emoción—, podríamos situar los dos apegos inseguros en los extremos y el apego seguro sería el equilibrio entre ambos, y se situaría en el centro. El apego, como uno de los primeros hitos del desarrollo afectivo sexual, se basa en lograr ese equilibrio.

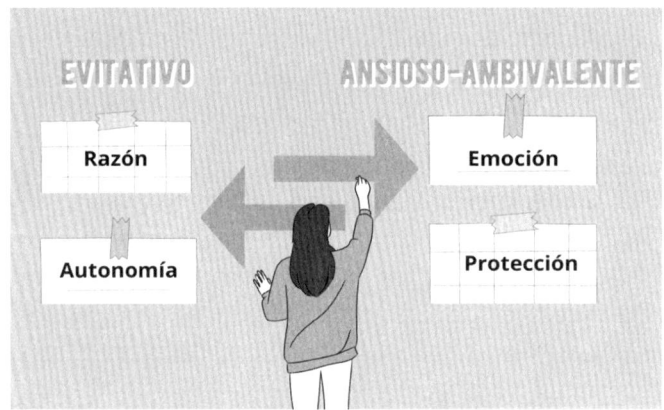

Este equilibrio no es nada fácil de conseguir, puesto que, como familias, tendremos que lidiar con nuestros propios miedos. Y en función de cómo haya sido nuestro propio estilo de apego tenderemos a situarnos de forma natural más cerca de uno u otro extremo, puesto que para nosotras será «lo normal», y eso implicará que podríamos excedernos en la permisividad o en la sobreprotección.

Porque proteger también conlleva un equilibrio. Proteger implica poner límites con claridad, y para ello es necesario decir «no» con presencia y seguridad. No podemos dejar que los niños y niñas hagan lo que quieran en beneficio de la autonomía, puesto que somos las personas adultas quienes debemos medir los riesgos y adaptarlos a la edad para alcanzar ese equilibrio.

Por ejemplo, podemos dejar que un niño o una niña se suba a un árbol cuando tiene siete años si tiene una altura adecuada, pero sería bastante temerario dejar que lo haga con tres años, o demasiado sobreprotector impedírselo a los diez años. En el primer caso, cuando nuestros niños y niñas tienen tres años, deberíamos ser capaces de establecer un límite y decir que no. Cuando han cumplido los siete debemos acompañarlos en el proceso para enseñarles gradualmente cómo hacerlo y garantizar que no se hagan daño. Y cuando han cumplido los diez, deberíamos ser capaces de lidiar con nuestros propios miedos y permitir que exploren sus capacidades asumiendo el riesgo.

En investigaciones posteriores, se dieron cuenta de que había niños y niñas que no encajaban en las clasificaciones de apego evitativo o ambivalente. Mostraban conductas propias de los dos tipos de apego. De ahí surgió una nueva categoría: el **estilo de apego desorganizado.** Estos niños y niñas, además, mostraban conductas autolesivas o agresivas y también se desconectaban del entorno. Encontraron que este tipo de patrón se daba en niños y niñas que provenían de familias donde había maltrato o negligencia, con historia de abandono o rupturas continuadas del vínculo de apego, y también en familias con figuras parentales con problemas de salud mental o de adicciones. Por ejemplo, unas figuras parentales con problemas de adicciones pueden ofrecer a su hijo o hija una comida deliciosa un día, y al día siguiente no hacer nada de comer porque están bajo los efectos de la sustancia que consumen y no se han levantado de la cama.

Lo característico de este estilo de apego es la imprevisibilidad de las reacciones de las figuras parentales, que pueden pasar de atender las necesidades básicas de sus hijos e hijas a responder de forma agresiva o estar ausentes o mostrarse insensibles y no responder, lo cual dificulta a los niños y niñas poder anticipar su respuesta. De ese modo, no se creaba un modelo vincular; los niños y niñas criados así no podían anticipar las respuestas de sus figuras vinculares y desde ahí hacerse una idea más o menos estable de cómo funcionan las relaciones humanas. Es la regularidad de las figuras vinculares la que genera estabilidad en la estructura interna de los niños y niñas. Por eso se llamó a ese tipo de relación «de apego desorganizado». Porque la falta de fiabilidad de las figuras parentales impedía la construcción de la organización interna en sus hijos e hijas.

Los niños y niñas que crecen en estos contextos tienen que vincularse con la persona que los cuida, que en este caso es la misma persona que ejerce el maltrato o el abandono, por lo que se activan dos sistemas de funcionamiento interno del ser humano, el de aproximación y el de defensa. Y ambos se activan respecto a la misma figura de apego. El patrón de aproximación es innato, sirve para construir el apego y lleva al bebé a un estado de tranquilidad y de relajación en la confianza de ser atendido. El patrón de defensa activa al bebé para garantizar su supervivencia. El bebé se estresa, se activa y se acelera ante el miedo a no poder sobrevivir. Y ese miedo no solo lo generan las conductas agresivas, sino también el abandono, al no satisfacer sus necesidades básicas.

Las consecuencias de este estilo de apego pueden ser muy graves. La emoción predominante es el miedo. Son niños y niñas que se mantienen en alerta constante porque no pueden anticipar cuándo se va a desencadenar una situación de peligro. Y es importante que comprendamos que, a pesar del trato que reciben, como necesitan a la figura de apego para sobrevivir, tratarán de salvar el vínculo interiorizando un autoconcepto negativo bajo la idea de que «no son dignos de ser queridos» antes de cuestionar el vínculo con sus figuras parentales. Y tenderán a generar un modelo de relación caótica con los otros niños y niñas.

Al llegar a la edad adulta, suelen ser personas con problemas de control de impulsos derivados de la dificultad para gestionar sus emociones. A la hora de establecer relaciones afectivas, tienen mayor probabilidad de verse envueltos en relaciones maltratantes, como posibles víctimas o posibles agresores y agresoras.

Comprender las repercusiones que el vínculo de apego conlleva en el desarrollo de la personalidad nos permite conocernos mejor y nos hace conscientes de la importancia de nuestro rol como familias en la crianza de nuestros niños, niñas y adolescentes. Y, por supuesto, nos ayuda a empatizar con otras personas con las que nos relacionamos a nivel afectivo, al entender que sus comportamientos tienen mucho que ver con sus relaciones en su primera infancia.

Más allá del desarrollo del vínculo de apego, **hasta los tres** años, tienen lugar un sinfín de aprendizajes básicos, que ayudarán a los niños y niñas. Al finalizar este periodo, ya disponen de todo lo necesario para controlar la vista, el oído, el gusto, la marcha, el equilibrio, el habla, la memoria y el pensamiento.

Desde el nacimiento y durante los primeros meses de vida, los seres humanos somos **fundamentalmente sensoriales**. El contacto físico será la base de la comunicación en esta etapa, y a través de nuestros abrazos, besos y caricias nuestros niños y niñas irán descubriendo lo que les resulta agradable o desagradable. Todo ello les permite saber que todo su cuerpo es fuente de comunicación, afecto, ternura y placer. De esta manera, se sienten queridos y aprenden a transmitir el afecto de la misma manera en que lo reciben: con miradas, sonrisas, besos y abrazos.

En esta etapa se inicia también la **expresión de nuestras emociones** más básicas (alegría, tristeza, miedo, rabia...). Empezarán a desarrollar emociones más complejas al ampliar el círculo de relación con otros niños, niñas y personas adultas (vergüenza, celos, orgullo...). Las emociones surgirán de forma innata, pero será a partir de las reacciones que observen en sus familias como irán aprendiendo a validarlas y a gestionarlas en la medida de sus posibilidades. Este será un aprendizaje sobre el que incidiremos a lo largo de toda su infancia y adolescencia, acompañando el desarrollo de nuestros hijos e hijas y adaptándonos a cada etapa.

Como hemos visto al hablar del apego, cada niño y cada niña expresará el afecto de una forma distinta; de ahí la importancia de conocerlos y aceptarlos tal como son, adaptándonos a sus códigos a la vez que los invitamos a conocer nuevas formas de expresión afectiva. Aunque volveremos sobre este tema más adelante, las muestras de afecto no pueden imponerse. Tenemos derecho a dar besos y abrazos, pero también a no hacerlo, por lo que es importante que no los obliguemos a contradecir sus señales internas cuando verbalizan que no quieren dar un beso a alguien, aunque sea una persona de la familia.

La **capacidad de mentalización** comienza a desarrollarse en los primeros meses de vida. Nuestra tarea como familias es ayudarlos a percibir e interpretar cómo nuestros estados mentales influyen en nuestra conducta (Bateman y Fonagy, 2016). Para ello, en esta etapa tendremos que contribuir a su desarrollo poniendo nombre a las emociones que experimentan, igual que nombramos el resto de elementos que los rodean para que vayan aprendiendo a identificarlos, como los nombres de las frutas u objetos cotidianos de la casa (como mesa, silla, etc.).

Poco a poco irán descubriendo su propio esquema corporal a través de la **autoexploración**. Aprenden a delimitar dónde empieza y dónde acaba su cuerpo. En esta exploración descubrirán primero sus manos, después sus pies y también sus genitales cuando están desnudos. Tocarse es solo un modo más de descubrirse y de experimentar sensaciones que no sienten en otras partes de su cuerpo. Además, es una etapa que suele coincidir con el control de esfínteres y la retirada del pañal.

Explorarse y tocarse es una forma de construir la conexión interna con las sensaciones corporales. No se trata de una práctica negativa o inapropiada para su edad y, por tanto, no hay que evitarla, aunque tampoco se trata de estimularla. Dejemos que surja de forma espontánea. Hay niños y niñas que se tocan mucho sus genitales y otros niños y niñas que no. La pauta sería **reconducirla a la intimidad**. Es algo que se hace en soledad y en un contexto seguro, por lo que no se hace delante de otras personas.

Los órganos sexuales están poco desarrollados, la cantidad de hormonas sexuales en sangre es muy pequeña y las sensaciones de placer no han adquirido aún significados específicos, tal y como son entendidas desde el mundo adulto. Sin embargo, el pene y el clítoris están suficientemente formados y enervados por terminaciones nerviosas como para que sean posibles las erecciones espontáneas o como respuesta a la estimulación táctil. Podemos comparar estas sensaciones con lo que sentimos cuando nos acarician o cuando nos hacen cosquillas suaves, que nos produce placer.

En cuanto a la identidad, en esta etapa se adquiere la **autoconsciencia**. Los niños y las niñas son conscientes de que son personas diferenciadas, y se reconocen cuando se miran al espejo.

Aprenden que en el mundo hay niñas y niños a los que distinguen por su apariencia externa y por las actividades que se les atribuyen (ropa, corte de pelo, complementos), pero aún no saben lo que es el sexo. Consideran, por tanto, que su identidad puede cambiar, si así lo desean, solo con cambiar la apariencia, y que esta puede ser reversible tantas veces como deseen.

Esta clasificación de sí mismos como «niño» o «niña» va a estar influenciada por los **estereotipos de género** que absorben de la sociedad a partir de los 2 años aproximadamente, y pueden llegar a rechazar juegos o juguetes por considerarlos del sexo contrario, así como elegir a sus amistades por ser de su mismo género.

Podemos pensar que esto de los estereotipos de género es algo que ya está superado, pero es solo un espejismo. Se los trata de forma distinta, según sean niños o niñas, desde antes incluso del nacimiento. Los colores, las imágenes y los juguetes asociados a la identidad comienzan a marcar la diferencia. Cuanto más estereotipados sean los mensajes que reciben, menor será su posibilidad de desarrollarse libremente, por lo que tenemos que cuidar los juegos y juguetes que les ofrecemos, así como los comportamientos y actitudes que manifestamos, puesto que somos sus primeros modelos de masculinidad y feminidad.

Por tanto, podemos concluir destacando cómo la cobertura de las necesidades básicas de seguridad, estimulación, exploración y contacto físico a lo largo de la primera infancia será lo que irá contribuyendo al desarrollo de su **seguridad emocional, desarrollo sensorial y autoconsciencia**, que son los tres elementos clave para la conexión interna (que es la base de la protección).

2.1.2 ETAPA INFANTIL (3 - 6 AÑOS)

En esta etapa, con el desarrollo progresivo de la marcha y el lenguaje, los niños y niñas comienzan a tener **mayor autonomía**. Esto les permite ir distanciándose poco a poco de sus figuras de apego y vivir diferentes experiencias, que tendremos que ayudar a mentalizar, dando significado a sus vivencias corporales y emocionales, incluidas las sexuales, a través de nuestras conversaciones.

En la etapa infantil, el desarrollo sexual viene marcado por la autoconsciencia, la definición de la identidad y el descubrimiento del cuerpo, emociones, deseos y pensamientos de las otras personas.

Prosigue el proceso de mentalización y el desarrollo de **emociones y sentimientos** más complejos, que incluyen pensamientos y creencias sobre sí mismos y sobre los demás. A partir de ahí, los ayudaremos a nombrar sus emociones, pero también a mentalizar los procesos. Podrán explicarnos qué situaciones los hacen sentir de diferentes maneras, y podremos ayudarlos a poner nombre a las emociones que creemos que están sintiendo a partir de sus expresiones. Así, establecerán una conexión interna con dicha emoción: «Parece que estás muy cansado y por eso estás llorando», «Es normal que estés enfadado porque quieres seguir jugando, pero nos tenemos que ir a casa ya». De esta manera, los ayudamos a que en futuras ocasiones puedan identificar lo que están sintiendo y explicarnos lo que les pasa.

Entre los dos y los cuatro años adquieren la **teoría de la mente a nivel emocional**. Son capaces de comprender las emociones de los demás y diferenciarlas de las suyas propias, lo que supone la base para el desarrollo de la empatía. Para ello, es necesario que hayan podido mentalizar sus propias emociones en la etapa de los cero a los tres años, puesto que necesitan poder nombrarlas y sentir esa conexión interna. Serán capaces de entender, por tanto, que hay cosas que a ellos les gustan y a otras personas no, o que las cosas que a ellos les dan miedo no provocan la misma emoción en otros niños o niñas. Podemos ayudarlos haciéndolos reflexionar con una pregunta tipo «¿Cómo crees que se ha sentido Carmen cuando le quitaste el juguete?».

A partir de los cuatro o cinco años adquieren la **teoría de la mente a nivel racional,** entendida como la capacidad para percibir que el resto de las personas tienen otros deseos o pensamientos diferentes a los suyos. Esta capacidad, junto con el desarrollo del lenguaje, los ayudará a abandonar el egocentrismo y es fundamental para sus relaciones sociales. A partir de ahora comienzan a comprender la relación entre lo que pensamos y lo que sentimos, y cómo esto se traduce en comportamiento. Mostrarán interés en cómo pensamos y cómo sentimos el resto de las personas. Es la etapa de los «¿por qué?». Una manera de estimular este proceso es a través de preguntas como: «¿Qué habrá pensado tu profesora cuando no entregaste la tarea?», «¿Cómo crees que se siente cuando no le hacen caso?».

Entre las **dudas más comunes** que comienzan a plantearnos en torno a la sexualidad, se encuentra el interés por conocer aspectos relativos al propio origen: cómo ha llegado el bebé a la barriga de mamá, cómo se alimenta, por dónde sale después... sobre todo si en su entorno hay alguna mujer embarazada. También pueden preguntar por las relaciones sexuales que mantienen las personas adultas, o mostrar curiosidad cuando ven escenas afectivas en la calle, como una pareja besándose.

Entre los tres y cuatro años descubrirán que niños y niñas tienen cuerpos diferentes y que su asignación a uno u otro grupo depende de sus genitales. A partir de los cinco años aproximadamente **la identidad de género ya es estable.** Puede ocurrir que un niño o una niña insista en que su identidad de género no se corresponde con el género asignado y pida ser nombrado en función del género con el que se identifica. Estaríamos ante un niño o niña transgénero. Hablaremos del tema con mayor profundidad en el siguiente apartado, pero por dejar algunas orientaciones, es importante respetar y permitir la libre expresión de su identidad, puesto que cuando estos niños y niñas son reprendidos, ridiculizados o ignorados, pueden llegar a censurarse a sí mismos, intentando cumplir con el rol que se espera de ellos o ellas para mantenerse vinculados a su familia. Sin embargo, esto no hace que dejen de ser personas trans, y será en la adolescencia cuando la necesidad de reafirmar su identidad los lleve a manifestar su disconformidad iniciando su tránsito.

Continúa la **socialización de género**, interiorizando los roles que ven tanto en casa como en el resto de personas adultas que encuentran en sus espacios de socialización: escuela, amistades, familia extensa. De esta manera, irán descubriendo diferentes formas de ser hombre o mujer, a partir de sus expresiones de género (su vestimenta, cortes de pelo) y las actividades que desarrollan... Será importante que podamos ofrecerles modelos diversos para que puedan ir interiorizando valores como la igualdad y la diversidad.

Pero, por muy igualitarios que seamos en casa, no podremos escapar de la influencia de los estereotipos. Los propios grupos de iguales empiezan a **diferenciarse por géneros**, niños con niños y niñas con niñas, como una manera de afianzar su identidad de género. Estos grupos ejercen una influencia interna de lo que se supone que son «actividades de niños» y «actividades de niñas», reproduciendo los modelos que pueden percibir en la sociedad a través de las personas mayores, los medios de comunicación, la publicidad, los juguetes.

Ante esta presión de grupo, se suele ver mejor a las niñas que se aproximan a las actividades de los niños. Una niña masculinizada es una niña empoderada, y se la etiqueta de «valiente, atrevida, intrépida». Sin embargo, cuando son los niños quienes se aproximan a las actividades de las niñas, o su estilo de personalidad muestra rasgos asociados a la feminidad, se considera que no alcanzan las expectativas de su rol, y se los etiqueta de «blandos, sensibles, débiles». La palabra «marica» es usada como un insulto entre los niños, no por ser una opción sexual, sino porque la relacionan con asemejarse a las mujeres, como si acercarse al mundo de las niñas les quitase hombría. Esto demuestra que niños y niñas descubren desde muy pronto la desigualdad existente en los roles de género, y que ser niña es peor que ser niño.

Continúan manifestando una **gran curiosidad por los genitales y las diferencias corporales**. Normalmente se observan sus genitales y sienten curiosidad por los cuerpos de otros niños y niñas, así como curiosidad por el cuerpo de las personas adultas.

La atracción hacia otras personas es **más afectiva que sexual**. En ocasiones, se relacionan con «amigos o amigas especiales», besan y acarician a un niño o a una niña que consideran especial, juegan a «los médicos» y quieren pasar tiempo a solas. Pero debemos tener claro que, con esta edad, no distinguen afecto de sexualidad. Hay placer, pero no atracción, ni deseo erótico, ni fantasía, ni orientación sexual. El placer que sienten está más relacionado con el bienestar y la seguridad.

Además, les cuesta entender que una relación de pareja es cosa de dos y que no basta con elegir a alguien para que exista un noviazgo. Pueden decir que «tienen tres novias» y que ninguna de ellas lo sepa, puesto que consideran que con elegirlas es suficiente. Por ello, tendremos que enseñarles que hay que tener en cuenta el deseo de la otra persona, así como ayudarlos a aceptar las frustraciones que una negativa puede suponer.

Este aprendizaje se extiende a otras relaciones afectivas. Tendrán que aprender que ellos y ellas no van a gustar a todo el mundo, de la misma manera que a ellos y ellas no les agradan todas las personas. Hablamos de manejar, por ejemplo, la frustración que pueda suponer no ser invitado a un cumpleaños, y saber elegir a los amigos y amigas que desean invitar al suyo. Deben aprender a identificar a sus amistades entendiendo que esta es una relación recíproca. Lo que como personas adultas debemos observar es que no se den fenómenos de aislamiento hacia un niño o niña concreto, o que nombren como amigas o amigos a niñas y niños con los que no comparten sus juegos, puesto que esto sería una situación que deberíamos abordar.

Los **juegos sexuales** con otros niños o niñas suelen tener el objetivo de pasarlo bien y de imitar lo que creen que hacen las personas mayores. Son juegos de imitación, representación y exploración. El sentido y los significados que niñas y niños dan a sus descubrimientos y juegos sexuales poco tienen que ver con los que les damos las personas adultas; como ya hemos señalado, no tienen contenido erótico. Cuando se tocan entre ellos, tienen una intencionalidad exploratoria, desde la curiosidad, y no es un medio para alcanzar la excitación tal y como la entendemos las personas adultas. Este es un momento importante para ayudarlos a establecer sus primeros límites en relación al consentimiento.

Deben saber que los genitales son una zona íntima del cuerpo que nadie puede tocar, y que ellos y ellas tampoco pueden tocar otros cuerpos sin permiso.

Como todavía no han interiorizado la moral sexual adulta, se mostrarán naturales ante estos temas y tendremos que ir dando respuestas ajustadas a su edad para que esa espontaneidad se mantenga y comprendan que la sexualidad no es un tabú y que se puede hablar de ello con tranquilidad en casa. Además, aprenderán a hablar de sexualidad si en casa nos han oído hablar sobre ella. Como veremos al profundizar en otras etapas evolutivas, estos temas son recurrentes; lo que irá variando será la cantidad de información que podemos darles en función de su capacidad de comprensión.

Para terminar, queremos insistir en que es importante no interpretar las expresiones de su sexualidad desde nuestra óptica y no atribuirles significados que no tienen. Sin embargo, tampoco podemos pensar que todo es natural, y es importante saber detectar posibles indicadores de abuso sexual. Posibles indicadores serían que representen en el juego espontáneo escenas sexuales propias del mundo adulto, cuyo contenido no deberían conocer. Cuando esto ocurre es poco probable que surja de su imaginación, por lo que pueden estar replicando algo que han visto en casa o en Internet, o pueden estar representando algo que les ha sucedido. Otro indicador es cuando los juegos sexuales se repiten de forma obsesiva, o cuando los juegos se realizan entre niños y niñas con una gran diferencia de edad (más de tres o cuatro años), o hay algún indicador que haga intuir que no es una relación entre iguales sino que se está dando un abuso de poder (por ejemplo, que uno de los niños o niñas tenga discapacidad psíquica).

2.1.3 ETAPA PRIMARIA (6 – 12 AÑOS)

Terminan su periodo de Educación Infantil y pasan a la Educación Primaria, a la que denominamos muchas veces como «el cole de los mayores». Y así es, los niños y niñas van **ganando autonomía** y son capaces de hacer muchas cosas por sí mismos.

A partir de los 6 años, los niños y niñas deben aprender a **preservar su espacio personal e íntimo** y a hacerse **responsables de su autocuidado**. Es el momento de lograr que se bañen solos, se limpien solos, se vistan solos y duerman solos. Han de aprender a no ducharse con personas adultas, a no prolongar el colecho —en caso de que las familias lo hayan hecho—, para que la construcción de la identidad sexual y la entrada en la genitalidad se realice llegado el momento con quien ha de ser: con otros chicos y chicas de su edad. Lo normal es que ellos y ellas mismas vayan demandando este espacio de privacidad; pero si no lo hacen, debemos promoverlo para que así sea, puesto que no deben asociar el placer sexual y genital a las relaciones parento filiales.

Es el momento de que empiecen, si no lo han hecho ya en la etapa anterior, a ir a dormir a casa de amigos, a salir de excursión, de campamentos, a separarse de sus figuras parentales para fortalecer la autonomía.

> La etapa de primaria es el momento para la autonomía, la intimidad y el autocuidado. Nuestros niños y niñas tratarán de encontrar un balance entre su identidad y la necesidad de pertenencia.

Es el momento en que la **comunicación** se vuelve clave en la educación afectivo sexual. Encontrar tiempo para conversar con los niños y niñas sobre sus vivencias cotidianas, en muchas de las cuales ya no estamos presentes, es esencial para que les otorguen el significado adecuado (incluidos los temas referidos a la sexualidad). Tanto la autonomía como la comunicación deben estar consolidadas para poder entrar en la genitalidad de forma libre y segura. La comunicación brinda la red protectora a la que acudir si hay problemas, y la autonomía brinda la capacidad de marcar límites protectores.

Esta es una etapa muy amplia donde, en su última etapa, los cambios biológicos cobran un papel protagonista. De los seis a los doce años, los niños y niñas **pasan de la infancia a la preadolescencia** y encontraremos diferentes ritmos de desarrollo y muchas diferencias individuales en función de los estilos de personalidad y los entornos de socialización en los que se hayan desarrollado. Con once años, hay niñas y niños que aún están jugando, mientras que otros están más pendientes de la seducción. De hecho, se han registrado cambios importantes en relación al inicio más temprano de la pubertad, la evolución de las actitudes y el inicio en las prácticas genitales, debido, entre otros factores, a la globalización que se ha alcanzado a través de Internet.

Las relaciones entre iguales pasan a ser prioritarias en la **construcción de la identidad**, y se mantiene la tendencia a mostrar preferencia por compartir actividades con personas de su mismo género.

Con estas edades, los estereotipos que hayan interiorizado se irán convirtiendo en **rasgos de personalidad**. Por ejemplo, los chicos tienen una fuerte presión derivada del modelo de masculinidad que les exige no mostrar sus afectos y ser valientes. Esto hace que puedan dejar de dar muestras de afecto públicamente, por considerar que eso es «de chicas» o «de niños pequeños», y que ya no te dejen abrazarlos en público. Por el contrario, las chicas sufren mayor presión por encajar en el modelo de belleza, por lo que podrán comenzar a preocuparse más por su aspecto físico, rechazando prendas de ropa que consideran infantiles.

La **necesidad de pertenecer** a un grupo hace que la fidelidad en las amistades sea fundamental, por lo que la traición de una amiga o un amigo puede causarles grandes sufrimientos. Por otro lado, será esta misma necesidad de pertenencia la que los lleve a querer ser como el resto para tener reconocimiento y visibilidad. Esto puede hacer que dejen de ser fieles a sus propios gustos, ideas y sentimientos para adaptarse a las señas de identidad de su grupo de iguales.

Es importante que, como referentes adultos, seamos capaces de comprender esta necesidad y podamos ofrecer nuestro apoyo. Si nuestro hijo o hija no encaja con el resto de su clase, tendremos que esforzarnos por ofrecerle otros entornos de socialización donde pueda relacionarse con personas afines. Recriminarlos por «no tener personalidad y dejarse influenciar» no es buena idea, pero es importante ayudarlos a reflexionar sobre el efecto de la presión de grupo y poner en valor la autenticidad de las personas, así como el respeto a la diversidad.

El **cuerpo** va a cambiar mucho y muy rápidamente, sobre todo a partir de los diez años. Es importante que, antes de que se produzcan estos cambios, podamos hablar de ellos con naturalidad, respondiendo a todas sus dudas, o hablando de esos cambios aunque no pregunten por ellos, para que los puedan anticipar y los normalicen cuando sucedan. Aunque nos parezca muy natural, muchos chicos y chicas viven esta transición con ansiedad e inseguridad. Pueden comenzar a sentir incomodidad con la desnudez propia y con la de otras personas.

La **pubertad** es la época en la que comienzan todos esos cambios corporales. Comienza hacia los diez años en las niñas y hacia los once en los niños, y dura hasta los catorce o los quince años. La adolescencia es una etapa que suele iniciarse con la pubertad, pero que no se limita a ella, porque implica muchos otros procesos internos, además del cambio corporal. Por eso suele durar más años.

En la pubertad, el cuerpo crece y se ensancha, les crece vello por el cuerpo y, en algunos casos, les cambia la forma de la cara y aparecen los primeros signos de acné. Estos cambios pueden vivirse con vergüenza y despertar inseguridades, puesto que el cuerpo y todos los mandatos de género asociados a la imagen suelen ser unos de los motivos principales de burlas y situaciones de acoso escolar.

A las niñas les empiezan a crecer los pechos, se les ensanchan las caderas y tienen la primera menstruación, denominada «menarquia», lo que hace que tengan que comenzar a responsabilizarse de su salud reproductiva. A los niños les empieza a cambiar la voz, se les ensancha la espalda y tienen su primera eyaculación, denominada «espermarquia», que puede ocurrir de forma espontánea por la noche (polución nocturna) o por masturbación.

En los últimos años de esta etapa, empiezan a sentir sus hormonas alteradas y experimentan sensaciones nuevas relacionadas con las emociones, con el placer y con la sexualidad, que no siempre saben canalizar, puesto que siguen siendo niños y niñas en pleno proceso de transición hacia la vida adulta. Aparecen los primeros sentimientos de enamoramiento, los primeros noviazgos y las primeras rupturas.

Relacionan los besos en la boca con una iniciación a la sexualidad adaptada a su edad. Al hablar sobre ello, sienten una mezcla de sentimientos. Por un lado, está la curiosidad que les despiertan las imágenes que ven en el seno de su propia familia, dando un paseo por un parque o en las películas. Por otro lado, sienten un poco de asco al pensar en la saliva que pasa de una boca a otra.

Pueden aparecer las primeras prácticas de **autoexploración** dirigidas a obtener placer, normalmente antes en los chicos, pero también en las chicas. Esta autoexploración es una forma de ir conociendo las sensaciones placenteras que su cuerpo les ofrece de una forma más consciente. Es importante transmitirles que esta es una práctica íntima, que deben hacer con cuidado de no hacerse daño y respetando unas pautas básicas de higiene.

Influenciados por los **estereotipos de género** y los modelos de masculinidad que aún imperan en nuestra sociedad, con diez u once años, los niños suelen comenzar a fijarse en el tamaño de sus penes, llegando a competir entre ellos, y asociando el mismo a su virilidad.

Por otro lado, y de la misma manera, influenciadas por los modelos de feminidad, las niñas pueden obsesionarse con el tamaño de sus pechos, puesto que quienes se desarrollan primero son más valoradas y más deseadas por el grupo masculino. Convertirse en objeto de deseo no causa el mismo efecto en todas las niñas; algunas de ellas lo vivirán con vergüenza y esconderán su cuerpo, y otras lo exhibirán con orgullo. Las niñas que se desarrollan más tarde pueden llegar a sentirse inferiores al compararse con otras niñas, comenzando de esta manera a valorarse a sí mismas desde la mirada del otro. Como familias, es el momento de explicarles que esto no va de competiciones, que cada persona tiene su propio ritmo de desarrollo y que todos los cuerpos están preparados para relacionarse y sentir placer, independientemente del tamaño de sus órganos sexuales.

Con siete u ocho años, ya han descubierto que hay determinadas palabras que se asocian a **prácticas sexuales** del mundo adulto y conocer su significado los hace sentir mayores: «follar, paja, mamada...», palabras vulgares y malsonantes que tienen prohibido expresar pero que les llaman enormemente la atención. Al pronunciarlas, pretenden dar a entender que saben mucho sobre sexualidad, entendiendo que el sexo es algo que «se hace», y reduciendo todo su contenido a técnicas y prácticas concretas, aisladas de toda afectividad. Estarían confundiendo la genitalidad con la sexualidad, como decíamos al principio del capítulo; confunden una parte con el todo.

Quieren demostrar que saben cosas del mundo de las personas mayores para demostrar que están creciendo, por lo que, a medida que van cumpliendo años, hablarán más de ello y, quienes no lo hablan, lo escuchan en clase, lo que despierta su curiosidad. Si no se atreven a preguntar, si no se habla en casa ni en clase, terminarán buscando información en Internet, lo que hace que accedan al mundo de la pornografía antes de tiempo.

La mayor parte de investigaciones alertan de que los primeros contactos con la pornografía empiezan a ocurrir en torno a los nueve y once años. A estas edades, la exposición y el acceso al porno no son recomendables, ya que ni es el momento evolutivo de satisfacer el deseo genital ni su desarrollo cognitivo les permite entender plenamente lo que están viendo (Santacruz, 2020).

Al acceder a este tipo de imágenes explícitas se llevan una idea distorsionada de las relaciones genitales y del placer, especialmente del femenino, que queda relegado al placer masculino. Los cuerpos de las mujeres se convierten en objetos a conquistar con grandes tintes de violencia machista y racista. Se dejan de lado todas las demostraciones afectivas y de cuidado, las prácticas se centralizan en el coito y no aparecen los preservativos. Apenas existen conversaciones, risas o disfrute más allá del orgasmo, por lo que, cuando comiencen a tener sus primeros contactos genitales con iguales, la realidad distará mucho de este imaginario que va condicionando sus expectativas. Esto puede desencadenar problemas de excitación o sentimientos de inseguridad, o llegar incluso a normalizar y erotizar delitos como el abuso sexual infantil, los estrangulamientos o las violaciones múltiples.

2.1.4 ADOLESCENCIA (12 – 18 AÑOS)

Aunque ya hemos hecho referencia a los cambios propios de la pubertad en la etapa anterior, estos se afianzarán en la adolescencia. Y es que este es un periodo del ciclo vital difícil de definir en términos cronológicos y, aún más, en términos psicosociales.

La Organización Mundial de la Salud (OMS, 2019) define la adolescencia como el periodo de crecimiento y desarrollo humano que se produce después de la niñez y antes de la edad adulta, entre los diez y los diecinueve años.

Se trata de una de las etapas de transición más importantes en la vida del ser humano, que se caracteriza por un ritmo acelerado de crecimiento y de cambios, superado únicamente por el que experimentan los y las lactantes.

En esta etapa de la vida, se producen muchísimos cambios que son la antesala de la etapa adulta. Entre estos cambios podemos enumerar los siguientes:

- Cambios físicos.
- Cambios en su personalidad.
- Cambios en las relaciones con la familia.
- Cambios en las relaciones con los amigos y amigas.
- Aparición de las relaciones de pareja.

Es la etapa en la que se construye la autonomía real como persona, la identidad diferenciada de las figuras de apego, y se construye un proyecto de vida personal. Por lo tanto, es la etapa en la que el niño o niña pasa de sentirse protegido y seguro a sentirse potente pero vulnerable, independiente pero necesitado. Es una etapa en la que algunos días desean seguir siendo niños y otras se creen personas adultas ya formadas.

> La adolescencia es la etapa en la que algunos días querrán seguir siendo niños y niñas y otros días se creerán personas ya adultas. Es la etapa del cambio. Es el momento de salir al mundo y generar sus propios vínculos, definir su orientación e identidad sexual y su proyecto de vida.
>
> Es el momento de «dejarlos volar».

Aunque los cambios físicos pueden ser similares en todo el mundo, la **transición psicológica y social** depende mucho de las características personales de cada uno y del entorno en el que se desarrolla. No se vive la misma adolescencia en España que en Japón; incluso podemos decir que no se vive la misma adolescencia en zonas urbanas que en zonas rurales. Aunque es cierto que Internet ha contribuido a homogeneizar estos cambios, por ser uno de los agentes de socialización principales en esta etapa. Y es que las redes sociales, y los entornos digitales en general, son ya un espacio más de relación y comunicación, donde lo virtual se vuelve tan real como lo físico.

La adolescencia, cronológicamente, se considera que comienza con la pubertad, iniciándose en las chicas hacia los diez años y en los chicos hacia los once años. Desde el punto de vista psicosocial, la Organización Mundial de la Salud propone los veinte años como final de la adolescencia. Pero las dificultades socioeconómicas, laborales y de acceso a la vivienda que enfrenta nuestra juventud dificultan el acceso a una vida independiente, lo que hace que se retrase la emancipación del contexto familiar, alargando así la etapa adolescente.

El **cambio psicológico** que experimentan hace que los y las adolescentes vivan las emociones con enorme intensidad y puedan tener repentinos cambios de humor debido a la explosión hormonal, lo que aumenta las discusiones en casa y los enfrentamientos con el mundo adulto en general. Conciben las normas como flexibles y negociables, y empezarán a defender su opinión considerando muchas de estas normas como injustas o desproporcionadas. Esta es una expresión que escucharemos hasta la saciedad: «No es justo».

Valoran mucho su **intimidad.** Es común ver cómo desaparecen por casa ensimismados, y comenzarán a cerrar la puerta de su habitación para estar a solas escuchando música, jugando al ordenador o navegando en su teléfono móvil. Puede parecernos que no están haciendo nada, que están perdiendo el tiempo, pero navegar por las redes cumple la misma función que hacían nuestros paseos por la plaza; es una forma de ver y dejarse ver, de conocer gente y relacionarse.

Viven centrados en **aprovechar al máximo el presente,** y ansían una libertad adulta para tomar sus propias decisiones. Sin embargo, necesitan límites protectores, puesto que tienen dificultad para medir los riesgos derivados de sus conductas, así como las consecuencias a largo plazo de sus actos. Pueden decirnos, por ejemplo, que estudiar es una pérdida de tiempo porque si quieren saber algo lo buscan en Internet, sin medir la repercusión que el abandono escolar tiene para su futura inserción laboral y, por tanto, para su capacidad de convertirse en personas adultas independientes. Cuando les advertimos de ello, lo ven tan lejano y se sienten tan omnipotentes que no les suele dar ningún miedo.

La **socialización** es el elemento clave de esta etapa evolutiva. Lo que más desean es pasar tiempo con sus amigos o amigas, y ya no quieren compartir tantos momentos en familia. La necesidad de pertenencia de la que hablamos en la etapa de primaria se intensifica en la adolescencia y la presión de grupo por adaptarse al modelo establecido también, por lo que debemos prestar especial atención al aislamiento de chicos y chicas que sienten no encajar en el modelo mayoritario.

Se **define y afianza la identidad**, y se esfuerzan por mostrar quiénes son de forma pública, expresando su propio estilo a través de la ropa, la música o los cortes de pelo. Esta forma de expresarse a través de la imagen está fuertemente influenciada por la moda y los ayuda a identificarse con su grupo de referencia. Aparecen también las alianzas y las rivalidades entre grupos (nosotros vs. ellos) en los equipos deportivos, los colegios o los pueblos vecinos. Tendremos que observar que esta forma de diferenciarse no conlleve tintes racistas, xenófobos o machistas, ni se manifieste de forma violenta. Una vez más, educar en el respeto a la diversidad y la igualdad será la clave.

Comienzan a ser **conscientes de su orientación sexual** al sentirse atraídos por personas de su mismo sexo, del sexo contrario o de ambos sexos. Las personas con orientaciones o identidades de género minoritarias necesitan poder expresar de forma libre su sexualidad, y solo podrán hacerlo si lo pueden vivir de forma libre en sus familias y en un contexto educativo y social protector. Para ello, es importante que hayamos tratado estos temas con naturalidad, no dando por hecho la heterosexualidad de nuestros hijos e hijas, cambiando preguntas como «¿Ya tienes novio o novia?» por «¿Te gusta alguien?». También será importante poder contar con referentes con los que identificarse en su entorno, ya sea en sus familias, entre el profesorado o personajes públicos a través de Internet.

La **figura corporal** es, en muchos casos, lo que más les preocupa, y sufren una enorme presión social por este motivo. Si preguntamos a un grupo de adolescentes si cambiarían algo de sí mismos, las respuestas siempre están centradas en alguna parte de su cuerpo que consideran menos normativa y que ha podido ser objeto de burla en etapas anteriores, como la nariz, las orejas, la estatura o el peso corporal. Los chicos y las chicas considerados atractivos son mejor valorados y mejor aceptados socialmente.

Pasarán **de la autoestimulación a las prácticas genitales compartidas**, que se mueven entre el escenario físico y el virtual, ya que pueden llevar a cabo prácticas como el *sexting*, que consiste en el envío de imágenes o vídeos de contenido erótico, sensual y provocativo a través de Internet de forma voluntaria con parejas o cuando quieren ligar con otra persona. Esta práctica que llevan a cabo tanto adolescentes como personas adultas conlleva multitud de riesgos. Por un lado, se diluyen los límites entre lo público y lo privado, puesto que al compartir el contenido dejan de tener control sobre el mismo. Por otro lado, puede ser utilizado para extorsionar a la persona que lo ha enviado, a la que pueden amenazar con divulgarlo con el objetivo de dañar su imagen. Profundizaremos un poco más en este tema en el apartado de salud sexual, donde haremos referencia a las violencias que pueden encontrar en los entornos digitales.

El *sexting* se practica de forma diferente por parte de chicos y chicas. Las chicas suelen practicar más el *sexting* activo: enviar las imágenes o vídeos; y los chicos el *sexting* pasivo: recibir, visionar y difundir. Este tipo de prácticas están muy influenciadas por la cultura del porno que, aunque siempre ha existido, su consumo nunca ha sido tan anónimo y accesible como ahora. Podríamos decir que todas las personas adolescentes tienen un teléfono móvil conectado a Internet, y su uso se da en la esfera de su vida privada.

Según el informe «(Des)información sexual: pornografía y adolescencia», que ha elaborado Save the Children para estudiar el consumo de contenidos sexuales entre la población adolescente y el impacto que estos tienen en sus relaciones y su desarrollo (Sanjuán, 2020), «casi 7 de cada 10 (el 68.2 %) la consumen de forma frecuente. Este consumo se produce en la intimidad (93.9 %) y en el teléfono móvil y se centra en contenidos gratuitos online (98.5 %), basados de manera mayoritaria en la violencia y la desigualdad».

Por tanto, mientras hablar de sexualidad en nuestras familias siga siendo un tabú y la educación afectivo sexual no esté incluida en el currículo educativo, la pornografía seguirá siendo una pieza clave en el desarrollo sexual adolescente, que impacta en su forma de entender la sexualidad y en sus relaciones, condiciona su imaginario del deseo y puede desembocar en comportamientos de riesgo, incluso delictivos.

Como ha venido ocurriendo a lo largo de todo el ciclo evolutivo, seguirán recibiendo la influencia de los **estereotipos de género.** En este caso, ganan peso las distintas formas de expresarse como hombres y como mujeres, el género es más variado, más flexible, adaptado a las modas y, al mismo tiempo, más cuestionado y menos respetado cuando se aleja de los roles tradicionales de masculinidad y feminidad.

Es como si la adolescencia estuviese creciendo en dos polos opuestos; por un lado, encontramos a chicos y chicas que abrazan la diversidad y la libertad a la hora de vivirse como seres sexuados; mientras que, por otro lado, vemos cómo se está extendiendo una presión hacia el mantenimiento de los roles de género tradicionales, con un aumento progresivo de comportamientos y actitudes machistas.

Estos roles de género tradicionales, que parecen ser el modelo hegemónico, condicionan la forma de vivir el amor, el afecto, el placer y la intimidad de manera diferenciada en chicos y en chicas que mantienen relaciones heterosexuales, y limitan su libre expresión a través de la presión de grupo.

A los chicos se les fomenta:

- Ser poco emocionales en general, y transmitir una imagen de fortaleza.
- Ser valientes, decididos y sin miedo a nada.
- Estar seguros de sí mismos o, al menos, aparentarlo.
- Tomar la iniciativa en las relaciones sexuales.
- Su sexualidad está muy ligada al rendimiento: cuántas parejas, cuántas veces... y se fomenta que alardeen de ello sin mostrar emoción.
- Saber siempre lo que hay que hacer, ser expertos sexuales, aunque no tengan experiencia.

- La heterosexualidad es sinónimo de masculinidad. Los chicos homosexuales son considerados «menos chicos» o «más parecidos a las chicas».

- La expresión del deseo sexual es una exigencia, una muestra de su virilidad.

- Se sobrevalora la importancia de los genitales masculinos (tamaño del pene, erección...).

- Deben demostrar el poder y la dominación a través del sexo.

A las chicas se les fomenta:

- Ser dulces, tiernas, cariñosas, pero no demasiado.

- Mostrarse deseables y atractivas, pero no demasiado.

- Que solo tengan relaciones sexuales por amor.

- Ser capaces de mantener relaciones estables: pocas parejas, mucho tiempo de relación.

- El amor es su meta, tener pareja es una prioridad.

- Se las responsabiliza del cuidado y de preocuparse por las demás personas.

- Deben responsabilizarse de su autoprotección, y pedir al chico que use preservativo para no quedarse embarazada o no contagiarse de enfermedades de transmisión sexual.

- Deben priorizar el placer de su pareja antes que el propio.

- Deben ser pasivas e inexpertas, dejando que los chicos lleven las riendas de la relación sexual, aunque ellas tengan más experiencia.

- Deben demostrar la sumisión y la obediencia a través del sexo.

Estos mandatos se transmiten de forma inconsciente, como normas no escritas, y van presionando a ellos y a ellas. Por lo que, tanto chicas como chicos, harán todo lo posible por encajar en el molde mayoritario, puesto que si se arriesgan a no cumplir con las expectativas pueden ser objeto de burlas y humillaciones.

Además, al establecerse las primeras relaciones de pareja, estas se verán influenciadas por los **mitos del amor romántico**. Mitos como el de «la media naranja», que «los celos son muestra de amor», «los polos opuestos se atraen», «quien bien te quiere te hará llorar» o «el amor todo lo cura» ofrecen un imaginario compartido que idealiza las relaciones de pareja (haciendo sentir incompleto a quien no la tiene) y, al mismo tiempo, son el caldo de cultivo de relaciones maltratantes (desvinculando el amor del buen trato). En este sentido, como familias, será importante combatir estos mitos de una forma activa y explicarles, entre otras cosas de las que hablamos en el libro, la diferencia entre la atracción física por otra persona, el enamoramiento de esa persona y el amor, como vínculo afectivo construido como opción entre dos personas. Una persona puede sentirse atraída por otra sin ser correspondida, puede incluso enamorarse, pero no puede amar de una forma sana si no es correspondida. Sobre este aspecto, volveremos a hablar de la construcción de la red afectiva positiva en el capítulo cuarto.

El estudio Juventud España 2020 (INJUVE, 2021) confirma que la desigualdad de género es un tema de interés para la juventud, aunque son ellas las que se sienten más interpeladas por el tema: hasta el 80 % frente a un 60 % de los hombres. Para los jóvenes varones, identificarse con la igualdad de género no es equivalente a identificarse como feminista. Por tanto, el concepto «feminismo» aún genera ciertas reticencias y no es tan cercano a los jóvenes varones como lo es la igualdad de género.

2.2 LA DIVERSIDAD EN LA IDENTIDAD Y LA ORIENTACIÓN SEXUAL

Si hay algo que ha cambiado entre las familias que crecimos entre los años setenta y noventa y la de nuestros hijos e hijas es la forma de vivirse como seres sexuados y todo lo que está relacionado con su identidad y su orientación sexual. Y esto es algo que, como familias, nos genera mucha inseguridad, puesto que los escuchamos defender un discurso que no entendemos, con multitud de etiquetas, y terminamos considerando que todo es demasiado complicado para nosotras.

Nuestros hijos e hijas, sobre todo si pertenecen a orientaciones o identidades sexuales minoritarias, también se sienten incomprendidos, y prefieren buscar información en Internet antes que debatir sus inquietudes en casa, ya que en la red encuentran referentes que los ayudan a poner palabras a sus vivencias. De hecho, uno de los momentos que viven con mayor miedo y ansiedad es el de comunicar en familia que son homosexuales, bisexuales o trans*, porque anticipan una reacción negativa. Es como si tuviesen que confesar algo que no está bien o que puede generar decepción, mientras que esto no ocurre con las personas heterosexuales.

Es cierto, nos faltan referentes y nos falta información. El objetivo de este apartado es aproximarnos de forma breve pero clarificadora a los conceptos básicos que debemos tener claros para comprender a qué hacemos referencia cuando hablamos de diversidad afectivo sexual.

> La diversidad sexual a veces a las familias nos da miedo. No tenemos referentes claros.
> Hemos de confiar y permitir la libre expresión de la sexualidad de nuestros niños, niñas y adolescentes.

Es importante que, ante todo, mantengamos una actitud de apertura respecto a las posibles formas de la experiencia sexual de nuestros hijos e hijas a lo largo de su vida, y que facilitemos la escucha y la aceptación incondicional. Solo así conseguiremos que se sientan arropados para expresarse con libertad.

Educar en la diversidad afectivo sexual no comienza en la adolescencia. No podemos esperar a que nuestros hijos e hijas definan su orientación del deseo para hablarles de la homosexualidad o la bisexualidad; ni podemos esperar a que se afiance su identidad para hablarles de la transexualidad. Como hemos venido señalando, la educación afectivo sexual comienza desde que nacemos, y educar en el respeto y la normalización de la diversidad también es educación afectivo sexual. Es importante que adaptemos la información a su realidad más cercana. Para ello, vamos a volver a aproximarnos a las etapas de desarrollo evolutivo.

En la etapa de infantil, cuando se incorporan al entorno escolar, podemos hacer referencia a que existen **familias diversas**, apoyándonos en los cuentos para tener referentes si no tenemos familias cercanas (aunque lo más probable es que en el colegio encuentren bastante diversidad).

Familias con dos papás, dos mamás o un solo progenitor o progenitora, donde podremos aprovechar para explicarles cómo se produce la gestación, incluyendo también los casos en los que se realiza por reproducción asistida. También hablaremos de los niños y niñas que crecen con sus abuelos y abuelas, con familias de acogida, adoptivas, separadas o familias reconstituidas. Debemos destacar que una familia es un grupo de personas que se quieren y se cuidan, más allá del vínculo biológico.

Podemos encontrarnos con niños y niñas que no se identifican con su género, y que manifiestan su disconformidad de forma firme y estable. Estaríamos ante **niños y niñas trans***, que pueden realizar su tránsito social cambiando su nombre y su expresión de género para adaptarse al género sentido o identificado en edades tempranas. Cuando esto ocurre en un aula, es asombroso ver la naturalidad con la que responde el resto de la clase, demostrándonos que la diversidad es evidente a sus ojos. Sin embargo, dependiendo de los comentarios que escuchen en casa y de la reacción de las familias, pueden comenzar a estigmatizar y a rechazar estas realidades.

En la etapa de Educación Primaria que, como ya hemos visto, es la etapa donde comienzan a preocuparse por su cuerpo, aparecen los primeros complejos y las primeras situaciones de acoso escolar por no cumplir con un cuerpo normativo o por no cumplir con unos estereotipos de masculinidad y feminidad estereotipados. Es un buen momento para abordar la **diversidad de corporalidades**.

Se trata de reconocer la valía de la persona siendo imperfecta, más allá de su cuerpo: personas altas, bajas, gordas o delgadas. Hay que combatir desde nuestra pequeña parcela la imposición del modelo de belleza y la violencia estética asociada a la altura y a la delgadez que nos invita a alcanzar la perfección. Para ello, tendremos que cuidar mucho nuestro lenguaje, empezando por no cuestionar nuestro propio cuerpo, como figuras vinculares y modelos que somos respecto a cómo mirarse a uno mismo o a una misma. Tampoco debemos valorar la imagen por encima de otros aspectos de la persona, y es importante que aceptemos nuestras vulnerabilidades. Es importante buscar referentes positivos en nuestro entorno y entre las personas que niños, niñas y adolescentes admiran, como personajes de televisión o videojuegos. Y, en el día a día, hablar mucho y debatir mucho para que vayan integrando la diversidad y la igualdad como un valor. La diversidad reconoce la infinita diferencia entre las personas; entre otras, las diferencias corporales, de gustos, aficiones, formas de ser... Reconocer y legitimar la diferencia como un valor positivo, tal y como hablábamos en el capítulo anterior, debe venir acompañado del trabajo como familias sobre la igualdad de derechos y oportunidades con nuestros niños, niñas y adolescentes.

Hacia el final de la Educación Primaria, y con el inicio de la pubertad, comenzarán a cuestionarse su orientación del deseo, su expresión de género para mostrarse al mundo, y se afianzará su identidad a lo largo de toda la adolescencia. Este será el momento de tener claras variables como la identidad de género, la expresión de género, el sexo biológico y la orientación sexual.

Cada persona puede construir su identidad y expresarla de la forma que quiera, mientras respete a las demás personas. Es por eso que se pueden ir incorporando cada vez más siglas al **movimiento LGTBI.**

LGTBI es una palabra construida por siglas, que se utiliza para abreviar algunas categorías de la diversidad afectivo sexual, que incluye diferentes orientaciones sexuales e identidades de género: L de lesbiana, G de gay, T de trans, B de bisexual, I de intersexual. Por eso puedes verla escrita de diferentes maneras, alternando su orden o con nuevas letras que representan nuevas identidades, como la Q de *queer* y el + para identificar que el abanico sigue ampliándose.

Bajo este paraguas se agrupan tanto orientaciones como identidades que, hasta la fecha, han sido consideradas minoritarias y, por tanto, han sido excluidas o estigmatizadas por la sociedad mayoritaria. Puede parecer un cajón desastre, pero lo que todas ellas tienen en común es su falta de visibilidad a lo largo de la historia y la negación de sus derechos.

Las familias a menudo pensamos eso de «Qué manía tienen de ponerle etiquetas a todo», pero es que «lo que no se nombra no existe». En este sentido, Internet ha jugado a su favor, puesto que ha contribuido a unir a personas con identidades y orientaciones afines, les ha ofrecido referentes y ha facilitado la puesta en marcha de campañas de sensibilización que han calado hondo en nuestra sociedad, movilizando a las instituciones para la cobertura de sus derechos.

Sin embargo, si nuestros hijos o hijas forman parte del colectivo LGTBI, por muchos avances que hayamos visto al respecto, a día de hoy todavía pueden sentirse discriminados en determinados contextos y pueden ser víctimas de delitos de odio como **la homofobia o la transfobia.**

Vayamos por partes y comencemos aclarando conceptos.

2.2.1 SEXO BIOLÓGICO

Cuando hablamos de **sexo biológico** respondemos a la pregunta «¿Cómo es mi cuerpo?». Estaríamos haciendo referencia al conjunto de características biológicas a partir de las cuales se clasifica a los individuos de una especie. En el mundo animal hablamos de macho o hembra, pero no utilizamos estos términos con las personas. Cuando un bebé nace, determinamos si es niño o niña por la visualización de sus genitales: la vulva nos indica que es una niña y el pene nos indica que es un niño. De este modo, se pone en marcha un proceso de socialización diferenciado según el género asignado basado en estereotipos.

Sin embargo, algunas corporalidades sexuadas no pueden clasificarse claramente dentro de los parámetros de lo que entendemos socialmente como masculino y femenino. Son las personas intersexuales.

Intersexualidad es el término que utilizamos para englobar diferentes corporalidades en que una persona nace con variaciones de las características sexuales que no parecen encajar en las definiciones típicas de hombre o mujer. Es decir, nace con variaciones en las formas genitales, en la composición de las gónadas, en los niveles hormonales o en los patrones cromosómicos.

Por ejemplo, un bebé puede nacer con un clítoris más grande o con un pene más pequeño; y lo que se ha venido haciendo hasta ahora era operarlos para adaptar su anatomía a los genitales normativos, aunque no tuviesen ningún problema de salud asociado. Esto puede provocar que esta decisión no coincida con la identidad que posteriormente manifiestan estas personas.

También podemos encontrarnos con un bebé que nace con una apariencia externa típicamente femenina, pero luego se descubre que tiene testículos internos y cromosomas XY. O con un bebé con una apariencia externa típicamente masculina que tiene útero, ovarios y cromosomas XX.

A nivel genético, pueden nacer con una composición genética denominada de «mosaico», es decir, unas células tienen cromosomas XX y otras tienen XY, o sus cromosomas son XXY o X0. Por tanto, como podemos ver, no hay una sola anatomía intersexual.

Esta variabilidad en la composición corporal es algo que no siempre se hace evidente en el momento de nacer. Algunas veces, la persona no descubre que tiene una variación intersexual hasta la pubertad, cuando no se presentan los cambios corporales esperados. La intersexualidad es una variación natural en el desarrollo del ser humano. Se estima que, al menos, 1 de cada 200 personas es intersexual, y algunas fuentes afirman que hasta el 1.7 % de las personas tiene alguna variación en sus características sexuales (Inter, L. 2015).

Tradicionalmente, se ha empleado el sexo biológico para definir el género, pero no siempre funciona así.

2.2.2 IDENTIDAD DE GÉNERO

El **género** son un conjunto de normas, estereotipos y roles impuestos socialmente a las personas en función de su sexo. Varían de unas zonas del mundo a otras y de unas épocas a otras. No es innato, sino que supone un aprendizaje social. Por eso decimos que el género es una construcción social.

El papel que tienen los estereotipos de género en la formación de la identidad personal y en las conductas, roles, actitudes y expectativas personales es muy variable. Puede que no nos identifiquemos con los estereotipos asociados a nuestro género, pero sí nos identifiquemos con el mismo.

La **identidad de género** responde a la pregunta «¿Quién soy yo?». Estamos ante una experiencia subjetiva que solo la propia persona puede responder, y que puede o no corresponderse con el género asignado a partir del sexo. Cuando se da una correspondencia, hablamos de personas cisexuales; y cuando la identidad no se corresponde con la asignada al nacer en base al sexo, hablamos de personas trans*.

La identidad de género puede ser masculina, femenina o no binaria. Sobre las dos primeras no tenemos mucho que aclarar, pero es importante conocer que existen personas que se identifican como **no binarias**, que están en desacuerdo con el sistema binario hombre/mujer, y cuya identidad de género no se ajusta a ninguno de los dos extremos. Algunas de estas personas prefieren ser nombradas con pronombres neutros, y es a ellas a quienes se refieren cuando algunas personas incluyen en sus discursos las expresiones «chicas, chicos y chiques» intentando que el lenguaje sea lo más inclusivo posible y haciendo honor a la máxima ya mencionada de que «lo que no se nombra no existe». Según el Informe de la Juventud de España 2020, elaborado por el INJUVE, «alrededor del 25 % de los jóvenes encuestados, tanto hombres como mujeres, no se identifican plenamente con una categoría del 100 % femenino o masculino».

Cuando las personas son **cisexuales o cisgénero**, chicos con genitales masculinos y chicas con genitales femeninos, nadie cuestiona su identidad, no se les pregunta «¿Estás segura o seguro? ¿Desde cuándo lo sabes?». Pero cuando las personas refieren identificarse con el sexo contrario al asignado, siendo chicos y chicas trans*, sus identidades son cuestionadas desde el miedo a la equivocación o al arrepentimiento, como si fuese una decisión transitoria o tomada a la ligera.

El término «transgénero» no se acuñó hasta la década de 1960, pero la gente siempre ha desafiado el género binario. Aunque nos parezcan realidades nuevas, lo que ocurre es que antes se vivían en la esfera privada por miedo al rechazo, y ahora se está dando mayor visibilidad gracias al empoderamiento del colectivo. Las personas trans* han existido siempre; así lo demuestra la historia si hacemos un recorrido a través de las crónicas, pinturas, esculturas y cerámicas. Muchas sociedades y culturas en diferentes momentos históricos han propuesto alternativas a la forma de vivirse como «hombre» o «mujer», pero no teníamos Internet para globalizar su mensaje.

La modificación de género en la mitología griega está presente en numerosas narraciones. Entre ellas, se encuentran los relatos de Gala y Galli, sacerdotes asignados como varones al nacer que cruzaban los límites de género en su culto a una variedad de diosas en la antigua Sumeria, Acadia, Grecia y Roma. Se han documentado personas transgénero en más de ciento cincuenta tribus nativas de América del Norte, donde se las conoce como «berdaches», o «dos espíritus». En el seno de las comunidades indígenas filipinas se han documentado casos de hombres que, en su comportamiento e indumentaria, actuaban como mujeres: eran llamados «asog, bayoguin, bayoc y catalonan».

Los «tida wena», de quienes los indígenas del delta del Orinoco dicen que no son ni hombres ni mujeres, o las «muxes» de

Oaxaca en México, hijos varones a quienes sus madres deciden educar en roles femeninos, las «hijras» de la India, las «chibadis o chibados» de Angola o los «mugawe» de Kenia son otros ejemplos de colectivos transgénero en diferentes culturas.

Las personas **trans*** tienen un momento vital en el que comienzan a vivir según su identidad sexual; es lo que se denomina «el tránsito». Normalmente, supone un cambio de nombre, pronombres y vestimenta, y no tiene por qué ir asociado con un tratamiento hormonal, cirugía genital o de otros caracteres sexuales secundarios. Cuando transitan en su género se denominan «transgénero»; y cuando transitan en su sexo, alterando sus genitales, se denominan «transexuales». Podemos encontrar ambos términos utilizados sin distinción en algunos textos, pero lo que está más extendido actualmente es emplear el término trans* como término paraguas para incluir todas las realidades, ya que hay una enorme variabilidad.

Hasta ahora, la legislación española exigía un diagnóstico médico de disforia de género y un tratamiento hormonal de dos años para que una persona trans* pudiera cambiar su sexo en el registro. Sin embargo, la Organización Mundial de la Salud (OMS), en 2018, dejó de considerar la transexualidad como un trastorno. En nuestro país, esta despatologización se recoge en la nueva «Ley 4/2023, de 28 de febrero, para la igualdad real y efectiva de las personas trans y para la garantía de los derechos de las personas LGTBI».

El papel de las familias es fundamental en el acompañamiento porque, a pesar de los avances legislativos y sociales, las personas trans* no gozan de igualdad social y todavía pueden ser víctimas de transfobia en entornos escolares y laborales. Necesitamos seguir insistiendo en la importancia de la educación afectivo sexual en las aulas y en las casas para mitigar este problema, puesto que parece que estamos viviendo un repunte de situaciones de acoso y rechazo entre la población más joven.

2.2.3 ORIENTACIÓN SEXUAL

Cuando hacemos referencia a la **orientación sexual** estamos dando respuesta a la pregunta «¿Quién me atrae?». Hace referencia a la preferencia afectiva y/o sexual que se desarrolla por otra persona. Este puede que fuese el concepto que teníamos más claro. Sin embargo, hace mucho tiempo que la homosexualidad ha dejado de ser la única alternativa a la heterosexualidad y, como consecuencia, la orientación sexual es cada vez más compleja y llena de matices. La orientación del deseo se va descubriendo y percibiendo a lo largo de la vida. Algunas personas se mantendrán estables en su orientación sexual, pero otras irán viendo cómo su deseo evoluciona a lo largo de su ciclo vital. El hecho de ir poniendo nombre a diferentes categorías lo que pretende es ayudar a visibilizar que hay multitud de alternativas.

Comúnmente se han dividido las orientaciones sexuales entre:

- **Heterosexualidad**: cuando la atracción se presenta hacia personas de distinto sexo.

- **Homosexualidad:** cuando la atracción se presenta hacia personas del mismo sexo. En este caso, los términos son «gay» para los chicos y «lesbiana» para las chicas.

- **Bisexualidad:** cuando la atracción se presenta de forma indistinta hacia personas del mismo sexo o de distinto sexo, aunque pueden darse preferencias entre uno u otro.

- **Pansexualidad**: atracción sexual hacia algunas personas, independientemente de su sexo biológico o de su identidad de género, lo que incluye a las personas trans*.

- **Demisexualidad**: atracción sexual solo en algunos casos en los que previamente se ha establecido un fuerte vínculo emocional o íntimo.

- **Asexualidad**: ausencia de atracción sexual hacia otras personas.

En nuestra historia reciente, la homosexualidad también ha estado patologizada, hasta que la Asociación Americana de Psiquiatría (APA) la retiró de su manual de trastornos mentales en 1973. La OMS no lo haría hasta 1990, pero fue un primer paso en la lucha por los derechos de las personas LGTBI. Sin embargo, a pesar de que docenas de países han legalizado la homosexualidad y disfrutan de derechos como el matrimonio o la adopción, aún quedan más de setenta países en los que es considerada ilegal (y es castigada con penas de prisión y, en doce de ellos, incluso es motivo de pena de muerte).

2.2.4 EXPRESIÓN DE GÉNERO

Para terminar, tenemos que hacer referencia a la **expresión de género**, que daría respuesta a la pregunta «¿Cómo me muestro al mundo?». Aquí recogeríamos toda la información que las personas nos transmiten a través de su apariencia, comportamiento, gestualidad, indumentaria, peinado, etc. En base a los estereotipos de género establecidos, esta se puede dividir en masculina, femenina o andrógina.

Una vez más, las expresiones de género masculinas y femeninas las tenemos claras, ya que están vinculadas con los estereotipos. Una expresión de género **andrógina** sería una expresión neutra, o una mezcla de las dos anteriores. La expresión exterior no tiene por qué ser fija y estable en el tiempo, ni tampoco presentar correspondencia con el sexo biológico o con la identidad de género de la persona. Ser un chico afeminado no es sinónimo de ser gay, o de tener una identidad femenina y ser una mujer trans*; ser una chica masculinizada no es sinónimo de ser lesbiana, o de tener una identidad masculina y ser un chico trans*. Significa que muestran una preferencia por mostrarse al mundo de esa manera, por estética o por posicionamiento ideológico. Solo preguntando podremos saber cómo se identifican; no podemos generalizar ni sacar conclusiones de forma precipitada.

Hay personas que siguen considerando que ser hombre o ser mujer cisgénero y heterosexual es la norma, y que todo lo que escape de ahí debe quedar en el terreno de los márgenes y las rarezas. Incluso hay quienes piensan que hablar de ello, nombrarlo, puede incitar a que los y las adolescentes entren en un conflicto de identidad que los lleve a no saber quiénes son ni quién les atrae. Sin embargo, con este discurso estamos negando una realidad evidente, y es que la diversidad afectivo sexual existe.

Para terminar, es importante destacar que ninguna identidad u orientación sexual genera malestar en sí misma, sino que es la discriminación, el odio, el desprecio y el rechazo de la sociedad lo que genera sufrimiento, exclusión, aislamiento e incluso la muerte (por suicidio y/o por agresiones). Es lo que conocemos como **homofobia, transfobia o lgtbifobia**; discursos que incluso algunas personas del colectivo llegan a interiorizar valorándose de forma negativa y considerando que «no son dignas de ser queridas», lo que provoca problemas de ansiedad y depresión.

Nuestro papel como familias es fundamental, puesto que un contexto de aceptación y cariño por parte de tus figuras de apego hace que el hogar se convierta en un lugar seguro donde poder amortiguar las situaciones de rechazo que puedan darse en otros contextos. Además, nuestra actitud de apertura a la comunicación generará un ambiente de confianza para poder pedir ayuda. Por otro lado, las redes de apoyo a través de entidades especializadas van a favorecer el empoderamiento de nuestros hijos e hijas, al sentir que sus vivencias son compartidas, así como la reclamación de sus derechos.

2.3 LA SALUD SEXUAL Y REPRODUCTIVA

Tradicionalmente, la educación sexual se ha centrado en la prevención de riesgos (entendiendo, además, que los riesgos tienen que ver fundamentalmente con determinadas consecuencias que una relación coital puede suponer, como el embarazo o las enfermedades de transmisión sexual). Si nos quedamos solamente en eso, estaremos minimizando otro tipo de riesgos más frecuentes, y trataremos el tema una vez llegada la adolescencia. Pero, como ya hemos visto, la sexualidad comienza nada más nacer, y tendremos que empezar a vincular la sexualidad con la salud desde etapas más tempranas.

La sexualidad es una parte importante de la **salud integral de la persona**, entendiendo la salud como el desarrollo óptimo del bienestar de la persona a nivel físico, psíquico y social, y no solo como ausencia de enfermedad. Salud es un estado de bienestar donde la sexualidad es vivida sin miedo ni sentimiento de culpa. Alcanzar ese bienestar supone un cambio de actitudes, hábitos y estilos de vida, donde debemos prestar atención a una alimentación sana y equilibrada, al descanso, al ocio y al tiempo libre... y a la vivencia de unas relaciones humanas satisfactorias, por lo que incluimos el cuidado y el respeto hacia uno mismo y hacia las demás personas.

> La sexualidad es parte de la salud integral de la persona. Nuestros niños, niñas y adolescentes necesitan que les brindemos una información adecuada, que fomentemos pautas de autocuidado cotidianas y que les enseñemos unos límites protectores, también en Internet.

Desde la primera infancia, podemos transmitir la importancia del **cuidado saludable de nuestro cuerpo**, y esto incluye varios aspectos:

- Alimentación sana y equilibrada.
- Actividad física atendiendo a los gustos de cada cual, ya sea deporte, baile o salir a pasear.
- Aseo diario: lavarse las manos, los dientes, ducharse, cambiarse de ropa...
- Actitud positiva ante la diversidad de corporalidades, evitando comentarios ofensivos, burlas o críticas si no se ajustan al canon de belleza establecido (peso, estatura...).

Entre estos aspectos, en la primera infancia podremos centrarnos en proporcionar una alimentación saludable y en ir incorporando hábitos de aseo diarios. A medida que niños y niñas van creciendo, les ofrecemos la posibilidad de incorporar actividades físicas más estructuradas en su horario extraescolar como complemento de ocio, aunque este haya estado presente desde el nacimiento y haya sido ajustado a su etapa de desarrollo.

Conocer nuestro cuerpo y aceptarlo desde estos principios de salud va a influir directamente en nuestra autoestima y nuestra forma de relacionarnos con los demás, puesto que la imagen que tenemos de nuestro propio cuerpo se construye en interacción con las otras personas, y es uno de los factores que influyen decisivamente en el **autoconcepto y el equilibrio emocional**.

Demasiadas niñas, y cada vez más niños, sienten que solo podrán estar a gusto en sus cuerpos si reproducen un modelo rígido y estereotipado de belleza. Es decir, aprenden a valorar su propio cuerpo desde una mirada ajena, influenciados por la imposición del ideal de belleza asociado a la delgadez.

En la sociedad actual nos encontramos con una idealización de la delgadez, lo que puede desembocar en trastornos como la anorexia y la bulimia. Además, esta situación convive con unos índices de obesidad infantil en aumento. La comida precocinada, el poco tiempo del que disponen las familias y el sedentarismo al que se enfrentan niños y niñas conectados a las pantallas hace que el sobrepeso vaya en aumento, y esto es algo de lo que debemos ocuparnos atendiendo a los factores anteriormente mencionados.

Sin embargo, si un niño o una niña llevan una dieta equilibrada, hacen actividad física y tienen incorporados hábitos de autocuidado, ese sobrepeso no tiene que ser un indicador de mala salud, ni les podemos achacar su responsabilidad sobre el mismo, puesto que hay una constitución corporal y un metabolismo que les predispone a ello. Hay personas gordas que se cuidan mucho y personas delgadas que no lo hacen, y no se las juzga de la misma manera cuando acuden a su centro de salud.

Si, como familias, nos obsesionamos con la imagen corporal de nuestros niños, niñas y adolescentes, y desde la mejor de nuestras intenciones los obligamos a llevar a cabo dietas imposibles o ejercicios maratonianos, estaremos transmitiéndoles una exigencia estética que nada tiene que ver con la salud, y podremos estar dañando su autoestima. Es importante que, primero, interioricemos y, después, transmitamos que las corporalidades son diversas, y que lo que hay que cuidar es la salud y no la imagen.

La **gordofobia** es uno de los mayores motivos de *bullying* en los colegios y se extiende hasta la edad adulta. Esto hace que niñas y niños perciban su cuerpo como «no adecuado», lo cual afecta a su autoestima y puede generar problemas de conducta alimentaria, ansiedad o depresión, llegando incluso al suicidio.

Llegada la adolescencia, nuestra mente no podrá conectar con el placer si valoramos nuestro cuerpo como «no deseable» por no ajustarse al modelo establecido. Y no podemos olvidar que vivimos expuestos a la cultura de la imagen a través de las redes sociales y de los medios de comunicación. Los medios muestran cuerpos retocados hasta la perfección que nada tienen que ver con los cuerpos reales y que están generando un sinfín de complejos e inseguridades, sobre todo en las personas más jóvenes. Un ejemplo de ello es el denominado síndrome o dismorfia de Snapchat, en el que muchas personas jóvenes y adolescentes plantean realizarse operaciones de cirugía estética para parecerse a sus propias fotos con filtros.

¿Cómo podemos prevenir todo esto? Comencemos conociendo y aceptando nuestros propios cuerpos, desde el buen trato a los mismos, para que nuestros hijos e hijas puedan valorar del mismo modo sus propios cuerpos y cuidarlos como lo que son: una fuente de experimentación, de disfrute y de gozo.

Pero, además, también podemos transmitir nuestra actitud de respeto evitando hacer comentarios sobre el peso de otras personas, ofreciendo referentes de personas con cuerpos diversos, cuestionando el inmovilismo de los estereotipos de género y el malestar que generan, cuestionando la veracidad de las imágenes retocadas por los medios de comunicación. Si todo esto va apareciendo en nuestras conversaciones cotidianas, iremos transmitiendo una conciencia crítica hacia la imposición del modelo de belleza y sembraremos la semilla para que nuestros hijos e hijas vivan sus corporalidades con mayor libertad.

Igual que ocurre con valores como la igualdad de género o el respeto a la diversidad afectivo sexual, podemos sentir que estamos remando a contracorriente, pero es importante que ayudemos a restar validez al discurso que discrimina y violenta a todas las personas que no cumplen con el rol mayoritario.

2.3.1 MENARQUIA Y ESPERMARQUIA

Como ya señalamos al hacer referencia a las diferentes etapas del desarrollo evolutivo, el cuerpo cambia enormemente con la llegada de la pubertad. Tenemos que destacar, en el caso de las niñas, **la menarquia** o llegada de la menstruación, puesto que va a suponer el sentir y cuidar su cuerpo de un modo diferente.

En nuestra sociedad se interpreta como un rito de paso de la infancia a la edad adulta; dejan de ser niñas para convertirse en mujeres con capacidad de procrear. Aunque a nivel psicológico y social no estén preparadas para ello, será algo de lo que tendrán que responsabilizarse y protegerse a partir de entonces.

Aunque cada vez menos, todavía podemos escuchar algunos mitos en torno a la menstruación, como que no te puedes bañar porque se te corta la regla, que no puedes hacer ejercicio físico o que no te puedes quedar embarazada si tienes relaciones sexuales con la menstruación. Estos mitos van desapareciendo con la edad, pero en la adolescencia todo lo que rodea a la menstruación es nuevo y estos mandatos se interiorizan como una verdad más a tener en cuenta, con todos los riesgos que suponen.

Es importante que ayudemos a desmitificar la menstruación hablando de ella con naturalidad desde edades tempranas, puesto que sabemos que es algo que genera sentimientos como miedo o vergüenza. Tendremos que hacer referencia, además, a los ritmos individuales, ya que es algo que todas las niñas con un desarrollo adecuado van a vivir tarde o temprano.

Deben conocer bien cómo es su ciclo y deben saber cuidarse en cada fase, así como llevar una alimentación equilibrada para evitar el exceso de inflamación y retención de líquidos, que pueden contribuir a padecer síndrome premenstrual. Sin embargo, la regla no debe ser dolorosa. Es normal tener algunas molestias por las contracciones del útero, pero estas no deberían impedirnos seguir con nuestra vida normal, y esto es algo que hemos normalizado las mujeres de generaciones anteriores. Si nuestras hijas tienen dolores que les impiden llevar a cabo su rutina habitual, es importante que las acompañemos al médico para realizarse una revisión y ponerle remedio.

Un ciclo normal suele durar veintiocho días, pero, dependiendo de cada mujer, puede variar mes a mes, atrasándose o adelantándose. Se considera un periodo regular si el ciclo menstrual sucede entre los veintiún y los treinta y cinco días, y no necesariamente tiene que durar lo mismo siempre. En chicas muy jóvenes son habituales los ciclos irregulares y largos, de hasta cuarenta y cinco días, sin que exista ningún problema.

Es interesante acompañar a las niñas en la preparación de los productos de higiene que van a comenzar a usar, ayudándolas a decidir sobre los mismos. ¿Compresas, tampones, *salvaslips*, copas o braguitas menstruales? Hay toda una industria en torno a este tema, y es interesante investigar sobre las opciones más adecuadas para nuestra salud y para el planeta, puesto que los productos de higiene femenina son uno de los grandes contaminantes por la cantidad de residuos que generan.

Esta información no es exclusiva para las niñas, sino que también es importante para los niños, puesto que les permite reconocer y valorar un poco más el cuerpo femenino y resolver algunas de sus dudas. Además, es importante que no convirtamos la regla en un tabú, como hicieron con nosotras.

Recuerdo el día en el que nos dieron una charla sobre sexualidad en el instituto, donde lo único que se abordó fue la salud reproductiva, haciendo referencia a la llegada de la menstruación (demasiado tarde, por cierto, ya teníamos la regla). La charla iba destinada solamente a las chicas, y nos llevaron al salón de actos mientras los chicos de clase se quedaban jugando en el patio. En esa charla nos regalaron una bolsita con tampones y compresas, que todas las chicas escondimos rápidamente en nuestras mochilas. La diversión de los chicos ese día consistió en sacar las bolsitas de nuestras mochilas para reírse, burlándose de nosotras mientras jugaban con los tampones. Analizando ahora su conducta, podemos entender que fue una reacción infantil, provocada por su sentimiento de rechazo, que convirtieron en burla por la vergüenza que nos generaba tanto a nosotras como a ellos mismos.

Está claro que la segregación por género no es una buena solución. Y, además, al hablar de menstruación deberíamos hablar también de la **espermarquia**, la primera eyaculación de los chicos, que tiene lugar generalmente entre los doce y los catorce años (aunque la variación individual es amplia y puede ocurrir a una edad tan temprana como los diez años, o tardía, hasta los dieciséis, sin que ello signifique que exista una anomalía del desarrollo). Esto es algo importante que los chicos deben saber, puesto que, como ya hemos visto al hablar de desarrollo evolutivo, con estas edades la genitalidad está muy asociada a su autoconcepto, siguiendo los mandatos de la masculinidad hegemónica, y si ven que no consiguen eyacular como el resto de sus compañeros pueden sentirse «menos chicos». Romper estas asociaciones será fundamental para aceptar los cambios con naturalidad.

La espermarquia también supone que deben comenzar a responsabilizarse de su salud reproductiva, y esto es algo que de forma tradicional han asumido solo las chicas, puesto que son ellas las que pueden quedarse embarazadas.

En el imaginario social, la capacidad de eyaculación está relacionada con el placer, mientras que la menstruación está asociada con el dolor, por lo que es normal que chicos y chicas vivan este momento de forma muy diferente.

2.3.2 CONSENTIMIENTO Y RESPONSABILIDAD AFECTIVA

Una vez que, tanto chicas como chicos, han alcanzado la posibilidad de reproducirse, tenemos que hablar de relaciones sexuales y genitales. Y no solo de métodos anticonceptivos, sino también de **consentimiento y de responsabilidad afectiva**. Volveremos sobre ello en el capítulo cuarto, pero es importante incluir en este apartado también estos dos conceptos clave para una sexualidad sana y plena.

Es importante insistir en que pueden disfrutar en una relación sexual con otra persona con o sin coito, rompiendo el mito de «la primera vez», puesto que no hay una única primera vez, sino muchas primeras veces en diferentes encuentros donde irán experimentando su sexualidad de forma pausada, a diferentes ritmos, incluyendo nuevas prácticas de forma progresiva. Apresurarse a practicar el coito para poder decir que «han perdido la virginidad» o que «ya lo han hecho» sería reducir la sexualidad a la reproducción, y ya hemos visto que es mucho más que eso.

Sin embargo, culturalmente esto se ha convertido en un mandato, que podemos ver, por ejemplo, cuando acompañamos a las chicas al ginecólogo y se les pregunta «si ya han tenido relaciones sexuales completas», haciendo referencia a la penetración, dando por hecho la heterosexualidad y dejando en la antesala el resto de prácticas sexuales, como si fuesen la preparación de la práctica sexual por excelencia: el coito.

Debemos transmitirles que el paso de la sexualidad a la genitalidad debe hacerse con libertad. No tienen por qué realizar prácticas sexuales si no quieren o no se sienten preparadas o preparados. No tienen que demostrar nada a nadie. Debemos transmitirles también que no tienen que forzar a otra persona a realizar prácticas sexuales por medio de la manipulación o el chantaje si no está segura de hacerlo, aunque sean pareja, con frases como «Si lo hacemos, igual me engancho más a ti». Según el Informe Juventud España 2020 elaborado por el INJUVE, «Un 11% de las mujeres han hecho cosas de las que no estaban convencidas en sus relaciones sexuales, frente al 5.4% de los hombres. Del porcentaje de hombres, el 17% no eran heterosexuales».

En definitiva, debemos enseñarles a decir que NO, pero debemos darle la misma importancia a que aprendan a respetar cuando obtienen un NO por respuesta. Sin excusas, sin aprovecharse de la vulnerabilidad de la otra persona cuando ni si quiera puede decir que NO. Las relaciones sexuales sin consentimiento son violencia sexual, siempre lo han sido, por lo que las consecuencias de una relación sexual sin consentimiento son mucho más graves que el contagio de enfermedades del que tanto les prevenimos.

Por otro lado, también es importante tener presente la necesidad de desarrollar habilidades para aprender a vincularse y desvincularse de forma satisfactoria. Este proceso de aprendizaje lo podrán ir poniendo en práctica con sus amistades, pero también con las primeras relaciones amorosas. Sobre este aspecto hablamos con detalle en el capítulo cuatro. En concreto, desarrollamos un concepto que es clave: la **responsabilidad afectiva**. Hacemos referencia a la importancia de enseñarles a hacerse cargo de las emociones que sus conductas pueden provocar en los demás. Es un ejercicio más de empatía, de saber ponerse en la piel de las demás personas e imaginar cómo se pueden sentir. Hoy en día es muy común ligar a través de plataformas digitales y redes sociales; la distancia y el anonimato hacen que muchas personas dejen de tener contacto sin que medie ninguna explicación, dejando a la otra persona inmersa en un mar de dudas, e intentando adivinar los motivos de ese silencio repentino.

Algunas personas solamente buscan contactos sexuales esporádicos, pero otras tienen un interés más profundo en la persona, y quieren conocerla y darse a conocer, por lo que estas actitudes sin previo aviso hacen mucho daño a quien las recibe. También es común que, sobre todo los chicos, inicien una relación con una chica porque saben que siente algo por él, sin que ese sentimiento sea recíproco, y con el único objetivo de mantener relaciones sexuales. Este es un ejemplo de cómo pueden aprovecharse de los sentimientos de alguien para sacar un beneficio propio. La sexualidad vivida de esa manera deja de ser saludable, puesto que no genera bienestar a las dos partes implicadas.

2.3.3 MÉTODOS ANTICONCEPTIVOS

No podemos olvidar la importancia de los **métodos anticonceptivos**, que nos van a garantizar un paso seguro a la genitalidad.

A estas edades, la noción de riesgo no les resulta fácil de asimilar. Muchas chicas y muchos chicos aceptan que las posibilidades de embarazo y contagio de enfermedades de transmisión sexual (ETS) están ahí, pero hay algo que les dice «A mí no me va a pasar». Por ello, es necesario abordar este tema en familia, acercándoles incluso cifras estadísticas para ayudarlos a conectar con la realidad y transmitirles la importancia de vivir su sexualidad de forma responsable. Es importante hablarles del «antes» de las relaciones sexuales y genitales, del «durante» de las relaciones, pero también del «después» de estas relaciones, que suele ser el gran olvidado. Deben poder plantearse las consecuencias que pueden tener y cómo se sentirán respecto a las mismas.

De acuerdo con la Organización Mundial de la Salud (OMS), el acceso a la información es un factor muy importante para prevenir prácticas de riesgo, ya que «los y las adolescentes no son conscientes de las consecuencias de sus decisiones». Sin embargo, y como también señala la OMS, a la población adolescente no siempre se le facilita el mismo acceso a la legislación y servicios de salud sexual y reproductiva que a la población adulta.

Por lo que debemos conocer los recursos públicos a los que podemos acudir para buscar asistencia sanitaria en materia de anticoncepción y servicios de asesoría sobre salud sexual, donde podamos orientar e incluso acompañar a nuestros hijos e hijas para que cuenten con fuentes fiables de información.

Los **métodos anticonceptivos** se definen como las estrategias para impedir o reducir de forma significativa las probabilidades de que se produzca un embarazo al mantener relaciones sexuales con penetración vaginal. Su uso se generalizó a mitad del siglo XX, como forma de planificación familiar y control de la natalidad. Podemos dividirlos en métodos barrera, hormonales, naturales, definitivos y DIU.

El uso de los mismos sigue recayendo en las mujeres (aunque ellas son las que más se avergüenzan de comprarlos), puesto que parece que son quienes deben protegerse para no quedarse embarazadas.

Muchas chicas se plantean tomar la píldora, porque, además, les ayuda a regular el ciclo menstrual. La píldora protege de embarazos, pero no evita el contagio de enfermedades de transmisión sexual, por lo que solo estaría indicada en el caso de tener una única pareja y que la relación fuese estable.

Solamente los preservativos protegen de las enfermedades de transmisión sexual, por lo que es importante que les orientemos en su uso. Por tanto, si sabemos que nuestro hijo o hija puede estar teniendo relaciones genitales con otras personas, debemos facilitarle el acceso a los preservativos. No los estamos incitando a usarlos, solo les estamos transmitiendo la importancia de su uso en el caso de que quieran hacerlo.

El preservativo es el método anticonceptivo preferido por la juventud (80%). Sin embargo, su uso parece ir reduciéndose con la edad y entre personas homosexuales (INJUVE, 2021).

Como ya hemos mencionado anteriormente, la **cultura del porno** contribuye a minimizar los factores de protección y alimenta la idea de que con preservativo se siente menos, por lo que muchos chicos recurren a este argumento para convencer a las chicas de no usarlo. Ellas terminan accediendo a la presión y, cuando son preguntadas, muchas de ellas refieren hacerlo con miedo a un posible embarazo, pero minimizando los riesgos de contagio de enfermedades de transmisión sexual. Según el Informe Juventud en España 2020 elaborado por el INJUVE, «El consumo de pornografía está generalizado entre los jóvenes varones: el 85% declaran haberla visto al menos alguna vez, frente al 50% de las mujeres. Un 32% de varones dice inspirarse mucho o bastante en el porno en sus relaciones sexuales».

Según el Informe «(Des)información sexual: pornografía y adolescencia» elaborado por Save the Children (2020), en el que se analiza también la repercusión que tiene el consumo de pornografía en los más jóvenes, los resultados muestran que acuden a la pornografía como fuente de inspiración: el 54.1 % cree que la pornografía da ideas para sus propias experiencias sexuales, y al 54.9 % le gustaría poner en práctica lo que han visto (el 47.4 % de ellos lo han hecho). El 12.2 % de los chicos afirma haberlo hecho sin consentimiento explícito de la pareja, frente al 6.3 % de las chicas. En el informe se constata que «El peligro no es que vean pornografía, sino que su deseo sexual se esté construyendo sobre unos cimientos irreales, violentos y desiguales propios de la ficción. También es peligroso que crean que su consentimiento, sus deseos y preferencias, o los del resto, no tienen por qué ser tenidos en consideración».

2.4 LAS VIOLENCIAS SEXUALES: UNA REALIDAD QUE DESEARÍAMOS IGNORAR

No podemos hablar de salud sexual sin hablar de violencias sexuales. Probablemente sea el mayor miedo que tenemos las familias cuando hablamos de sexualidad, junto con la posibilidad de un embarazo no deseado. **Nos bloquea pensar que nuestros niños, niñas y adolescentes puedan ser víctimas de cualquier forma de violencia sexual, o que la puedan ejercer contra otra persona**. Las violencias sexuales son una realidad que preferimos negar. Preferimos creer que solo pasa en determinados sectores sociales o económicos, que las personas que abusan sexualmente son personas desconocidas, extrañas, locas y enfermas mentales a las que sabríamos ver e identificar. Es nuestro miedo el que nos guía, y el que nos genera una serie de falsas creencias que chocan con la realidad.

Las violencias sexuales son una realidad que afecta alrededor del 20 % de los niños, niñas y adolescentes. Como mencionan en la Campaña del Consejo de Europa, afectan en nuestro entorno a uno de cada cinco niños, niñas y adolescentes (Consejo de

Europa, 2018). **Esta realidad, que no distingue entre clases sociales ni económicas, no es fácil de detectar. Y las personas que agreden son personas, en su mayoría, conocidas y queridas por parte de los niños, niñas y adolescentes, casi siempre de su entorno cercano.** Por no hablar de un dato relevante que hemos de tener presente como familias: cerca de una tercera parte de estas personas son otros niños, niñas y adolescentes. Pensemos en un ejemplo. Si un desconocido se acerca a nuestros hijos e hijas en el parque y les propone ir con él o con ella a ver algo, lo más probable es que salgan corriendo, nos busquen y nos lo cuenten. Pero si quien se acerca es su entrenador o entrenadora y les pide que vayan a recoger las pelotas, no saldrán corriendo. Al contrario, se sentirán especiales y elegidos e irán.

El objetivo de este libro no es desarrollar con detalle las violencias sexuales, pero su prevención la abordamos de forma global en diferentes capítulos. Además, en las lecturas de referencia, hay varios materiales que permitirán a las familias ampliar su conocimiento sobre las mismas (Romeo-Biedma, F. J. y Horno, P.; 2022). Hay algo que, como familias, debemos tener claro: no hablar de las violencias sexuales no hará que estas dejen de existir, ni reducirá el riesgo de nuestros niños, niñas y adolescentes de vivirlas. Muy al contrario, el silencio aumenta la impunidad y deja sin recursos a nuestros hijos e hijas si se ven obligados a afrontarlas. Protegerlos implica mirar de frente esta realidad, informarse sobre ella y conversarla en nuestras familias.

> Proteger a nuestros niños, niñas y adolescentes de las violencias sexuales implica formarse sobre ellas y hablar de ello en nuestros hogares, aceptando que es una realidad mucho más frecuente de lo que nos gustaría creer.

Las violencias sexuales son una realidad que también varía en su forma mucho más de lo que querríamos creer. Algunos ejemplos que citamos a lo largo del libro nos dan una idea. Violencia sexual es obligar a una persona a tener relaciones genitales antes de lo que querría, bajo la amenaza de que o lo hace o la abandonarán. Violencia sexual es ver pornografía delante de un niño, niña o adolescente, o aprovechar las aglomeraciones para frotarse contra su cuerpo. Violencia sexual es burlarse y humillar a una persona por su identidad u orientación sexual. Violencia sexual es la mutilación genital femenina. Y violencia sexual es, por supuesto, una violación, cometida con o sin violencia.

Todas estas vivencias tienen dos aspectos en común. Por un lado, dañan a quienes las viven (tanto a quienes las viven como víctimas como a aquellos niños, niñas y adolescentes que las causan). **La violencia se define como tal cuando daña el desarrollo de la persona que la vive** o la pone en riesgo de salir dañada. El daño a la persona es el primer aspecto común a todas las formas de violencia sexual. El segundo aspecto es que, para hacer posibles todas estas vivencias, hay que tener una posición de poder sobre la otra persona. **Ejercer violencia, en cualquiera de sus formas, implica abusar de una posición de poder que tenemos sobre la otra persona**. No podemos ejercer violencia contra quien queremos, sino contra quien podemos (porque tenemos el poder necesario para hacerlo). Y no cualquier persona tiene poder sobre nuestros niños, niñas y adolescentes, aunque sus condiciones de especial vulnerabilidad los convierten en víctimas más fácilmente accesibles.

Las personas que ejercen violencia sexual con los niños, niñas y adolescentes han ganado previamente una posición de poder sobre ellos y ellas para poder garantizar su silencio, que no revelen lo que ocurre, que no lo cuenten. ¿Cómo lo han logrado? La forma más fácil es que sean personas a las que nuestros niños, niñas y adolescentes quieran, con las que tengan un **vínculo**

afectivo. Así que lo más probable es que sean personas de nuestras familias o cercanas a ellas. Como veremos en el capítulo cuatro, cuando creamos intimidad y afectividad con una persona, le damos poder sobre nosotros. Y ese poder es como una moneda de dos caras; lo pueden utilizar para hacernos bien, para fomentar nuestro desarrollo, o para hacernos daño, obteniendo un beneficio a costa de nuestro dolor.

Tendrán poder también si gozan de una posición de **autoridad** sobre los niños, niñas y adolescentes. Por ejemplo, docentes, personas responsables de entrenar equipos deportivos, personas con prestigio social o personas con cargos políticos o religiosos. Además, tengamos presente que las personas que quieren ejercer violencias sexuales contra niños, niñas y adolescentes tratan de tener trabajos que les permitan el acceso fácil a ellos y ellas.

Lograrán poder sobre nuestros niños, niñas y adolescentes si les colocan en una situación de **indefensión física**: en un descampado, en soledad, en estado de embriaguez o drogadicción... o de inseguridad emocional fruto de una **desigualdad social**. Por lo tanto, las personas con liderazgo en un grupo tienen poder sobre las personas tímidas o excluidas de ese grupo, un grupo tendrá poder sobre una persona sola, etc.

Así que una de las cuestiones clave que tendremos que trabajar con nuestros niños, niñas y adolescentes es el poder en sus relaciones interpersonales. El poder en sus dos vertientes: tanto el que dan a otras personas sobre sí como el poder que tienen nuestros niños, niñas y adolescentes sobre otras personas. El poder entendido siempre como una moneda de doble filo: nos pone en un lugar desde el que podemos hacer bien pero también podemos hacer daño. El amor de otra persona, tener una posición de autoridad sobre ella, ser más fuerte físicamente o socialmente nos da la posibilidad de contribuir a hacerla feliz, a que sea más fuerte y a su desarrollo pleno. Pero también nos da la posibilidad de hacerle daño. Merece la pena reflexionar sobre cómo se cumple esta moneda de doble filo si pensamos en nosotros como familias. Por ello, el capítulo cuarto se centra en la construcción consciente de la intimidad y en la identificación de las relaciones afectivas dañinas. Esas relaciones dan a las personas, entre otras muchas cosas, poder para ejercer violencia y hacer daño. Por eso planteamos que crecer desde la conexión interna es el eje de una sexualidad sana y plena. Porque es la que permite a nuestros niños, niñas y adolescentes, como veremos en el siguiente capítulo, detectar las situaciones de riesgo y de violencia independientemente de la relación afectiva que les una a la persona.

A todos los ejemplos que ya hemos mencionado hemos de **añadir todas las violencias sexuales que suceden hoy en día en el marco de Internet.** Como ya hemos visto anteriormente, los contextos de socialización en la adolescencia se han vuelto virtuales y estos tienen la misma validez que los entornos naturales; por muy artificiales que nos parezcan, forman parte de la realidad de nuestros niños, niñas y adolescentes. Y se sufre igual la violencia en persona que a través de las redes sociales. A veces, incluso se sufre más en Internet, por su poder de difusión.

Con esta nueva forma de comunicarse y relacionarse aparecen nuevas formas de violentar y de agredir sexualmente, que debemos conocer para advertir a nuestros niños, niñas y adolescentes de su existencia, para que tomen las medidas de precaución oportunas. Aunque, como dice Isa Duque, realmente no son nuevas formas de violencia, sino que son las violencias de siempre adaptadas al escenario virtual (Duque, 2022).

Además, a nuestros niños, niñas y adolescentes se los ha denominado «huérfanos digitales», porque no cuentan con referentes de personas adultas a los que acudir. Nosotros, sus familias, tenemos un menor dominio de las redes sociales que ellos y ellas, por lo que no recurrirán a nosotros para pedir ayuda o solicitar información sobre cómo defenderse de estos ataques.

Ya hablamos del *sexting* como práctica extendida entre jóvenes y adolescentes en momentos de seducción. Consiste en el envío voluntario de fotos o vídeos con contenido erótico más o menos explícito. Esta es una práctica deseada que se realiza de forma libre y autónoma, y que no conlleva violencia implícita, pero que entraña muchos riesgos. Por ejemplo, la persona que en ese momento es su pareja, y en quien confían, en un futuro puede no serlo y emplear esas imágenes para dañar o extorsionar a la persona que las ha enviado, amenazando con difundirlas. Es lo que denominamos **sextorsión** e implica un delito de acoso sexual (delito incluido dentro de las violencias sexuales). También existen otros riesgos, puesto que la propiedad de las imágenes y vídeos que subimos a las redes deja de ser nuestra y cedemos su uso a empresas con fines comerciales, perdiendo así el control sobre las mismas, lo cual puede acabar dañando nuestra imagen pública.

Una cuestión clave que muchos de nuestros adolescentes ignoran es que, al ser ellos y ellas menores de edad, el *sexting*, **en su caso, también puede ser un delito**. Difundir vídeos de contenido sexual fuera de la pareja puede considerarse posesión y distribución de material pornográfico, aunque originalmente lo grabaran de forma voluntaria y deseada dentro de la intimidad de la pareja.

Según el estudio «Menores y violencia de género» (Save the Children, 2020), las situaciones de acoso sexual *online* fuera de la relación de pareja son sufridas por un porcentaje elevado de chicas adolescentes, que supera el 40 % en situaciones relacionadas con mostrar o pedir fotografías sexuales, y se sitúa en el 22.7 % respecto a recibir peticiones de cibersexo *online*.

El porcentaje de chicos que ha sufrido situaciones de acoso sexual *online* fuera de la relación de la pareja es claramente inferior al de las chicas. A pesar de ello, resulta elevado el porcentaje de chicos que ha vivido dichas situaciones. De nuevo las más frecuentes son mostrar (37.9 %) y pedir fotografías sexuales (25.4 %).

Alrededor del 30 % de adolescentes ha realizado una o más veces otro tipo de conductas que suponen un mayor nivel de riesgo, como quedar con una persona que han conocido a través de Internet (31.5 %), colgar una foto suya que sus familias no autorizarían (29.5 %) o hablar de sexo con alguien que han conocido a través de Internet (el 23.7 %).

En cuanto al último punto (hablar de sexo con alguien que han conocido a través de Internet), no todo el mundo es quien dice ser, por lo que debemos advertirles de una práctica que se ha denominado *grooming*: el contacto de un adulto que se hace pasar por una persona menor de edad desde un perfil falso. Entra en contacto con un niño, niña o adolescente a través de chats, redes sociales o juegos *online*, con quien va ganando confianza para, posteriormente, solicitar fotos o vídeos eróticos que empleará para extorsionarle y obtener beneficios sexuales. El *grooming* es otro delito recogido en el Código Penal.

> Para poder proteger a nuestros niños, niñas y adolescentes, las familias debemos conocer Internet, cómo funcionan las redes sociales, las personas con las que hablan y los contenidos que intercambian.
>
> El anonimato les produce una falsa sensación de impunidad que debemos combatir.

Abordar con nuestros hijos e hijas todas estas formas de violencia sexual, especialmente en la adolescencia, se ha vuelto esencial. Pero, para lograrlo, hemos de conocer el funcionamiento de Internet, las distintas redes sociales, saber con qué personas entran en contacto y el tipo de materiales que intercambian. No solo se trata de tener una relación con nuestros niños, niñas y adolescentes que los lleve a compartir con nosotros esa parte de sus vidas, sino que también debemos comprender estos fenómenos.

Por ejemplo, cuando se trata del *grooming*, debemos tener cuidado de no culpar a la víctima, que no ha enviado sus imágenes pensando en ser identificada ni queriendo dar un contenido sexual, o que lo ha hecho creyendo que se las enviaba a una persona amiga de su edad, o que puede estar grabando y enviando materiales por ser víctima de un chantaje a partir de fotografías previas o por amenazas de hacerlo público. Ese niño, niña o adolescente en ningún momento envió voluntariamente el contenido, ni ha dado su consentimiento para que se hagan públicas. También debemos ponerles estas situaciones como ejemplo de responsabilidad afectiva y pedirles que no enseñen o reenvíen imágenes que hayan recibido por parte de una pareja o en un chat de la escuela o en una red social. Si les llegan reenviadas por terceras personas, deben ser conscientes de que es un delito y no continuar la cadena.

3

¿CÓMO PROMOVER LA CONEXIÓN INTERNA EN NUESTROS NIÑOS, NIÑAS Y ADOLESCENTES?

La sexualidad es una dimensión del desarrollo del ser humano que, integrada con otras, nos permite a las personas conocer y experimentar lo que el mundo nos ofrece, relacionarnos con otras personas y lograr un equilibrio entre nuestras necesidades internas y las del entorno.

Ese equilibrio es la base en muchos sentidos de la salud mental y también es la base de una sexualidad sana y plena. Consiste en lograr un equilibrio entre cuidar a la otra persona y cuidarnos a nosotros mismos, entre entregarnos y protegernos, entre decir «sí» y decir «no», entre nuestro propio placer y el placer de la otra persona.

Desde ese equilibrio, la sexualidad nos lleva a salir al mundo. Y ese proceso, que dura toda la vida, nos permite:

- **Percibir una infinidad de estímulos sensoriales** que a veces son difíciles de integrar. Es importante que comprendamos que no tenemos un cuerpo, sino que somos cuerpo. El aprendizaje del ser humano es a través de los sentidos, es un aprendizaje corporal que habremos de integrar con lo emocional y lo racional.

- **Conocer a otras personas y relacionarnos con ellas**. Esas relaciones irán transformándose desde nuestras primeras figuras de apego (figuras de cuidado que garantizan nuestra supervivencia) hasta otras relaciones afectivas, ya sea de amistad o de carácter sentimental. Y, ya como personas adultas, asumiremos relaciones de cuidado sobre otras personas más vulnerables que nosotras mismas.

- Ser **conscientes de las sensaciones y emociones** que, como personas, nos provocan todos esos estímulos y relaciones. La conexión interna permite la construcción de la consciencia interior.

- Crear una **identidad** como personas sexuadas, que percibimos y sentimos de forma diversa, única y, como tal, valiosa.

- Construir un **proyecto de vida libre en el área afectiva y sexual** con nuestros propios vínculos afectivos elegidos de forma consciente.

Por ello, la clave más importante de una sexualidad sana y plena es la conexión interna. Lograr que la persona sea capaz de ser consciente de los estímulos que recibe, pueda integrarlos y actuar en consecuencia. Cuando estamos conectados internamente, podemos mantener la conexión con nuestras sensaciones corporales y necesidades, incluso cuando nos unan vínculos profundos con las otras personas. Desde la conexión interna se construye la consciencia interior, una consciencia en la que el cuerpo es parte de su ser.

> La conexión interna es la capacidad para identificar las sensaciones corporales y las emociones que nos producen internamente los estímulos que nos llegan del mundo y de las personas.
>
> Esa conexión genera consciencia sobre las vivencias internas, tanto si son placenteras como si son dolorosas.

Por ejemplo, si logramos que nuestros niños, niñas y adolescentes estén conectados internamente, serán capaces de reconocer el asco y el miedo que les provoca una situación de violencia sexual, aun cuando esa violencia les llegue, como sucede en la mayoría de los casos, por parte de personas que quieran, respeten y necesiten. Esa conexión con el asco y el miedo les servirá para saber que lo que están viviendo no está bien, que les hace daño, que no es algo bueno, y eso los llevará a pedirnos ayuda para salir de esa situación. Si, por el contrario, no pueden reconocer esas sensaciones corporales, no saben nombrarlas ni lo que significan, entonces sentirán confusión, y eso los llevará a priorizar el vínculo con la persona que los agrede. Como familias, veremos desde fuera que están sufriendo porque lo manifestarán en su comportamiento, pero nuestros niños, niñas y adolescentes serán incapaces de explicar por qué les suceden esas cosas, por qué se sienten o actúan así. Incluso pueden llegar a parecer planos emocionalmente, como cansados, fríos y tristes, pero serán incapaces de acceder a sus sensaciones internas.

Pero no es solo que la conexión interna sea la clave de la protección de los niños, niñas y adolescentes. Es también la condición para la generación de una identidad sexual sana y de un proyecto de vida libre y consciente. Es imposible para nuestros niños, niñas y adolescentes saber cuál es su orientación sexual o construir una identidad sexual ajustada a su realidad si no pueden conectar y comprender lo que sienten internamente.

Por todo ello, como familias, debemos tratar de fomentar cuanto podamos esa conexión interna. Cuando hablamos de generar conexión interna, hablamos de generar en nuestros niños, niñas y adolescentes la capacidad de nombrar lo que viven, lo que perciben y lo que sienten dentro de sí mismos, sea placentero o doloroso.

3.1 LEGITIMAR LA CONEXIÓN CON EL PLACER

La conexión interna con la parte luminosa parece aparentemente más fácil de lograr. Sin embargo, nos hace falta un grado importante de consciencia en las familias para lograrla. Requiere condiciones de partida que a menudo pueden parecernos difíciles de lograr.

3.1.1 EL ENTORNO

Por un lado, hemos de crear un entorno seguro y protector que genere en nuestros niños, niñas y adolescentes la seguridad emocional necesaria para construir esa conexión interna. Porque cuando una persona siente miedo, sea una persona adulta o un niño, niña o adolescente, tiende a disociar y a negar su experiencia interna. No solo eso, sino que, en un contexto de amenaza y supervivencia, los estímulos placenteros pueden volverse peligrosos porque producen una conexión interna que produce también la conexión con el sufrimiento disociado, negado o eliminado.

Las personas que han vivido maltrato en la infancia, por ejemplo, suelen tender a boicotear las experiencias placenteras o las relaciones profundas a lo largo de su vida. Y no lo hacen intencionalmente, sino que es un mecanismo disociativo. Lo hacen porque las colocan en riesgo de conectar internamente con el

dolor y no pueden permitírselo. O, por ejemplo, una persona que vive mucho tiempo en situación de calle llega a disociar tanto de sus sensaciones físicas y de su cuerpo que volver a ducharse o a dormir en una cama puede llegar a suponer un reto.

Por lo tanto, las familias hemos de ser conscientes de que la condición para que nuestros niños, niñas y adolescentes generen conexión interna es que crezcan sintiéndose seguros y a salvo. Y esa vivencia la proporciona un entorno seguro y protector. Por dar una imagen de lo que puede ser un entorno seguro y protector, y la conexión interna que conlleva, podemos recordar cómo, si tuvimos la suerte de crecer en un hogar seguro, cuando éramos niños o niñas y despertábamos en nuestras casas, la casa estaba caliente, olía al desayuno recién hecho, la ropa estaba en el armario... Todo aquello lo percibíamos en forma de un «aire», no era algo concreto, sino una multitud de pequeños estímulos sensoriales que, juntos, generan una sensación de bienestar y seguridad emocional. Una sensación que percibíamos como un «aire» en el que vivíamos y que dábamos por hecho, que siempre estaría ahí, día tras día. Así podríamos definir el buen trato: generar un «aire» a través de una multitud de pequeñas acciones que no son percibidas por quien las recibe, pero funcionan. Percibíamos un aire que dábamos por hecho, nos acostábamos cada noche pensando que cuando despertáramos todo iba a seguir igual.

Cuando esa seguridad no se da, se produce un sesgo en nuestra percepción interna y pasamos a percibir todas las sensaciones corporales internas asociadas al peligro y a la amenaza. Se trata de sobrevivir y se instaura una emoción de miedo que nos impide, por ejemplo, percibir el olor al desayuno, si es que hay desayuno hecho. Percibimos el tono de voz de nuestra madre o el silencio de la casa o la puerta que se cierra mucho antes que el olor del desayuno. De forma selectiva, el miedo nos hace priorizar todos los estímulos asociados al peligro. Por lo tanto, la condición para generar conexión interna en nuestros niños, niñas y adolescentes es que crezcan sintiéndose seguros. Para lograrlo, las familias hemos de hacer que nuestros hogares sean entornos seguros y protectores. Desde hace varios años se desarrollan programas y sistemas de evaluación para enseñar a las familias y a otros agentes educativos cómo generar entornos seguros y protectores (Horno, P., 2018).

Por otro lado, las familias hemos de ser capaces de ajustarnos sensorial y emocionalmente a nuestros niños, niñas y adolescentes. De ese modo, podemos ayudarlos a mentalizar sus experiencias, tanto sensoriales como emocionales. Somos las familias, si estamos presentes y conectadas a nuestros niños, niñas y adolescentes, quienes les vamos a ir poniendo nombre a las sensaciones corporales que van viviendo: «Tienes frío, cariño, ¿verdad?», «Eso está caliente, ¿a que sí?», «Te has hecho daño en la rodilla y duele».

¿Cuál es el problema? Que a menudo las personas adultas vamos demasiado deprisa y tratamos de adaptar a nuestros niños, niñas y adolescentes a nuestro ritmo, y no al contrario. Los levantamos muy a menudo diciendo: «Corre, que llegamos tarde». Los obligamos a adaptarse a horarios y ritmos que no son los suyos, por lo que acaban conectando con nuestra prisa, nuestro agobio y nuestra aceleración, en vez de con sus propias sensaciones corporales. ¡Cuántas veces uno de nuestros hijos o hijas nos ha organizado un lío tremendo solo por puro cansancio!

Los entornos donde crecen los niños, niñas y adolescentes ahora mismo tienen dos características que son enemigas de la conexión interna:

- Entornos acelerados donde el ritmo es el de las personas adultas y la información va tan rápido que, a veces, ni a las personas adultas nos es posible procesarla. Un ejemplo de esto sería la duración de las cápsulas de información que consumimos a través de los vídeos de TikTok o Instagram, que comenzaron siendo de quince segundos en un principio hasta los tres minutos que duran ahora como promedio.

- Entornos demasiado cargados de estímulos que no cesan de llegar y que se acumulan. Es como cuando vemos un escaparate tan recargado de cosas que, en realidad, no podemos ver ninguna; o como cuando sintonizamos una emisora de radio mal y no llegamos a comprender lo que estamos oyendo porque oímos varias emisoras al mismo tiempo.

Por lo tanto, buscar las condiciones para generar conexión interna en nuestros niños, niñas y adolescentes implica buscar de forma consciente, en la medida en que seamos capaces como familias, dos elementos clave: la lentitud y la consciencia.

> El entorno seguro, la lentitud y la consciencia son las condiciones para generar conexión interna en nuestros niños, niñas y adolescentes.

3.1.2 ELEMENTOS FAVORECEDORES DE LA CONEXIÓN INTERNA

Una vez que somos capaces de construir ese entorno seguro y protector y de ajustarnos a los ritmos de nuestros niños, niñas y adolescentes, aparecen algunos elementos muy eficaces para generar conexión interna (Horno, 2017):

- El **movimiento**. Es importante, como familias, ser conscientes de que a las personas nos es más fácil aprender a reconocer las sensaciones corporales internas en movimiento que paradas. Movimiento no significa correr e ir acelerado, pero sí implica mover el cuerpo: jugar, bailar, hacer deporte... Desde la exploración de las cosas cuando son bebés (el poder tocar el suelo, las diferentes texturas y materiales, los muebles, la arena o la tierra) hasta el movimiento más dirigido que puede suponer el deporte, el baile o las diferentes metodologías de trabajo de las emociones a través del cuerpo que existen, como la biodanza o el yoga. Si como familias queremos favorecer la conexión interna de nuestros niños, niñas y adolescentes, debemos convertir este tipo de actividades en pauta cotidiana y placentera.

- El **juego**, que une movimiento, exploración, interacción, creatividad y estimulación, todo en uno. El juego nos provoca conexión interna con nuestras vivencias emocionales y nos conecta a las otras personas también. Y esto pasa tanto en la infancia como en la edad adulta, solo que solemos dejar de jugar. Ésa es una nuestras tareas clave como familias: volver a jugar.

- El **agua** en todas sus formas: el mar, los ríos o los lagos, pero también un baño en casa, una buena ducha o una piscina. El agua genera conexión interna en las personas, tengan la edad que tengan. No solo produce una sensación de relajación, sino que permite sentir el cuerpo y sus sensaciones con un mayor detalle y fluidez. El agua es un elemento al que acudir para regularnos internamente.

- **La música y el baile**. El sonido consiste en ondas que atraviesan nuestro cuerpo y producen sensaciones corporales. La música es un lenguaje universal y las personas son capaces de sentir lo que dice una canción, aunque no entiendan la letra. Cada cuerpo vibra con ondas diferentes y las sensaciones corporales que produce la música son fuente de conexión interna para todas las personas. Si, además de escuchar la música, se baila a su ritmo, se unen dos elementos de conexión: la música y el movimiento. Por eso el baile es algo que debería estar presente en nuestros hogares. No solo en las fiestas ni en ocasiones puntuales, sino como parte de la rutina, de forma divertida y desenfadada. Comenzar el día bailando, bailar mientras se cocina, poner una canción y cantarla juntos... todo eso significa generar conexión interna en nuestros niños, niñas y adolescentes.

- **El contacto físico con objetos y personas**. El conocimiento del ser humano siempre tiene un componente sensorial, los estímulos se reciben a través de los sentidos. De todos ellos, el tacto es uno de los que genera más sensaciones corporales. Es la comunicación quinestésica, sentir nuestro cuerpo en su totalidad. Pero para eso necesitamos el contacto físico con otras personas. Es necesario hacer un esfuerzo para recuperar el valor del contacto físico, no solo por lo que puede influir en la forma de relacionarnos, sino por el daño que su falta puede producir. Los abrazos son un elemento clave en la generación de conexión interna. Desde que son bebés hemos de acariciarlos, abrazarlos, acunarlos. Nos pasa incluso de personas adultas. Cuando alguien nos abraza, nos devuelve una parte de nuestro ser a la que difícilmente llegamos en soledad. Reducir el contacto físico produce daños en el desarrollo sensorio motriz del niño o niña, que es la base del desarrollo cognitivo y social. Como familias, debemos hacer un esfuerzo consciente por recuperar el contacto físico entre nosotros y con otras personas y no penalizar ni atemorizar a nuestros niños, niñas y adolescentes cuando lo emprendan.

111

- **El contacto con la naturaleza**. El bosque, el mar, las plantas, los jardines, los árboles... son elementos generadores de conexión interna en los seres humanos a cualquier edad. La naturaleza vibra y está llena de estímulos sensoriales y de vida que producen dentro de las personas una serie de sensaciones corporales únicas. Las salidas a la naturaleza deben ser una actividad regular de la vida de las familias, si no tienen el privilegio de vivir cerca de ella.

- **El arte**. Es interesante pararse a pensar que una obra de arte es arte justamente cuando, al ver, tocar, escuchar o sentir la obra, nos produce una serie de sensaciones corporales y emocionales. El arte trasmite, como lo hace la música (que no deja de ser una de las artes). Debemos posibilitar a nuestros niños, niñas y adolescentes oportunidades de pintar, hacer cerámica o esculpir. Crear, en cualquiera de sus formas, une en una sola actividad dos elementos clave que debemos buscar en la educación: la conexión interna y la mentalización de esas sensaciones corporales y emocionales en torno a una idea, un proyecto o una sensación hasta darle forma. El arte permite mentalizar las sensaciones internas sin la intermediación de otra persona. Es un proceso que hace la propia persona al darle forma a sus sensaciones internas.

En la medida en que permitimos a nuestros niños, niñas y adolescentes el acceso a todos estos elementos y los fomentamos en su crianza a través de actividades deportivas, de ocio, artísticas y en las pequeñas rutinas del día a día, les estamos posibilitando la conexión interna con sus sensaciones corporales.

3.1.3 ACTITUD DE LAS FAMILIAS ANTE LA CONEXIÓN INTERNA DE NUESTROS NIÑOS, NIÑAS Y ADOLESCENTES

Una vez que garantizamos un entorno seguro y posibilitamos unos elementos clave que definan un entorno rico de estímulos que favorezcan la conexión interna, el último aspecto en que tenemos que poner consciencia como familias es nuestra propia actitud. Es decir, en la forma en que validamos o condenamos las sensaciones corporales y emocionales internas de nuestros niños, niñas y adolescentes.

Esa actitud va a determinar la mentalización de las mismas. Nuestros niños, niñas y adolescentes van a adjudicar un significado muy diferente a una u otra sensación y emoción en función de la actitud que perciban en nosotros. Una misma sensación corporal puede ser calificada de placentera o de peligrosa en función de cómo reaccionemos las familias ante ella. A partir de ahí, nuestros niños, niñas y adolescentes pueden tender a disociar o negar esas sensaciones internas porque resulten peligrosas, temibles o por el enfado que puedan generar en nosotras, sus familias. O bien, si son validadas, pueden darles su lugar y un significado adecuado y ajustado a su realidad y sus necesidades, que pueden ser diferentes de las nuestras como familias (que sean diferentes no significa en absoluto que sean erróneas).

Por ello, es necesario recordar que parte de nuestro rol como familias es posicionarnos desde lo siguiente:

1. **Legitimar las vivencias de nuestros niños, niñas y adolescentes.** Para lograrlo, hemos de tener presente que la vivencia es real, la necesidad que la genera es legítima y la conexión interna es necesaria. Eso no significa que siempre podamos atender o satisfacer esa necesidad. Por ejemplo, si un niño o niña conecta internamente con el hambre y empieza a pedir comida de una forma exigente mientras estamos conduciendo, puede generarnos una situación complicada de manejar. Sin embargo, sentir hambre es legítimo. No solo no es erróneo, sino que es sano. Otra cosa es que el niño o niña tenga que esperar para poder satisfacer esa necesidad. Pero legitimar su sensación corporal es el punto de partida.

   Una de las cuestiones más difíciles para muchas personas adultas es legitimar las sensaciones corporales relacionadas con el placer, no con la necesidad, sobre todo si fueron educadas en la obediencia o en la carencia. Hay un tipo de familias donde las necesidades básicas son atendidas y legitimadas, pero, sin embargo, aquellas vinculadas al juego, al placer, a la estimulación o a la alegría son censuradas o subordinadas a otros factores vinculados al deber y el rigor. En este sentido, es especialmente importante que, como familias, validemos la necesidad de exploración y juego como una necesidad básica de niños y niñas y no como algo que hacen para entretenerse en su tiempo libre después de las tareas escolares.

2. **Mentalizar, hacer consciente y ponerle nombre a sus sensaciones corporales y emocionales,** sobre todo cuando nuestro niño, niña o adolescente está tan invadido por ellas que no puede ni nombrarlas. ¿Cuántas veces les preguntamos qué les pasa y nos contestan: «¡No lo sé!»»? La mentalización es una de las funciones clave que tenemos como familias para que puedan integrar las sensaciones corporales y las emociones que viven internamente y puedan reconocerlas en ocasiones

posteriores. Debemos ayudarlos a ir nombrando el mundo y sus sensaciones internas como parte de ese mundo: «Esto que sientes es hambre, esto es miedo, esto son celos...», del mismo modo que les decimos: «Esto es una mesa, esto una silla o eso un vestido».

3. **Saber colocarnos ante las sensaciones corporales de nuestros niños, niñas y adolescentes**. Nuestra reacción generará una vivencia y esa vivencia dará valor o significado a la sensación corporal.

   Podemos contestar diciendo «Sé que tienes hambre, cariño, y es lógico, pero aún no hemos llegado a casa, tendrás que esperar un poquito» o «Toma este plátano, se te pasará un poco el hambre que tienes hasta que lleguemos a casa». No es lo mismo que si contestamos diciendo: «Aguántate y no te quejes, que no hay comida» o «No seas exagerado, que no es para tanto», o paramos a comer por el camino por no sostener su queja en el viaje, aunque quede poco para llegar. Cada reacción da un valor diferente a la sensación corporal del niño, niña o adolescente.

4. **Mantener una actitud ante la vida, en general, de celebración y confianza**. Una de las cuestiones clave para fomentar la conexión interna de nuestros niños, niñas y adolescentes es comprender que esa conexión, sobre todo en los primeros años, la aprenden en el juego, el contacto, la exploración y la estimulación. Todo lo que las familias podamos brindar en ese sentido será una inversión de vida para ellos. Eso requiere una actitud «disfrutona» ante la vida, un estar dispuestos a celebrar las pequeñas cosas de la vida y mantener una perspectiva de confianza sobre la vida.

   A menudo, nuestra propia historia, la de las personas adultas, nos lleva a cortar o impedir la conexión con el placer de los niños, niñas y adolescentes a nuestro cargo.

Muchas familias, en nuestra historia de vida, no recibimos esta validación de nuestra conexión interna. En muchos casos recibimos penalización, humillación y ridiculización cuando expusimos nuestras sensaciones corporales y emocionales. Por eso, lograr mantener esta actitud positiva ante la vida en general, y ante las vivencias de nuestros niños, niñas y adolescentes en particular, requiere un esfuerzo de trabajo personal. Necesitamos elaborar nuestra historia de vida, integrar sus carencias —en el caso de que las hubiera— y poner consciencia en el modo en que nos colocamos. Debemos dar su lugar a nuestro «niño o niña interna», ese que sigue viviendo dentro de nosotros y nosotras y que se siente confundido y asustado ante las cosas que pueden plantearnos a veces nuestros niños, niñas y adolescentes. Nos sentimos confundidos y perdidos en parte porque no somos capaces a veces de nombrar nuestras propias sensaciones corporales. Ni de nombrarlas ni de validarlas sin vergüenza o culpa y sin quitarles valor. Legitimar las vivencias placenteras de nuestros niños, niñas y adolescentes también implica resignificar y desculpabilizar las nuestras propias.

> Claves de nuestra actitud como familias: legitimar sus vivencias, ponerles nombre y confiar.

3.2 RECONOCER EL MIEDO, EL ASCO Y EL DOLOR

Promover la conexión interna en nuestros niños, niñas y adolescentes significa legitimar y fomentar la conexión con aquello placentero, aquello que hace sentir bien y que gusta. Pero también implica la conexión con la parte más dolorosa; fundamentalmente el dolor, el miedo o el asco. Y esta parte es la que, como familias, nos resulta más difícil.

Muchas familias tratamos de evitar a nuestros niños, niñas y adolescentes la vivencia del dolor cuando llega, en vez de brindarles herramientas para poder atravesarlo. El ejemplo más claro es la muerte. En nuestra sociedad, mantenemos a los niños, niñas y adolescentes alejados de la muerte y de todo lo relacionado con ella: los funerales, los entierros u otro tipo de ceremonias. No la nombramos, la disimulamos o la ocultamos desde un intento de preservarlos del dolor. Queremos protegernos, como familias, de vivir justamente lo que más nos duele: el dolor de nuestros niños, niñas y adolescentes. Además, a menudo somos nosotras mismas quienes tenemos dificultades para sostener esas vivencias y emociones y tendemos a negarlas. ¡Cuántas personas adultas disimulan su dolor ante la muerte, lo niegan, no lo expresan, hacen como si no hubiera pasado nada o como si no les hubiera afectado!

Las familias queremos creer que nuestro dolor no les llega a nuestros niños, niñas y adolescentes. Que podemos disimularlo, negarlo o minimizarlo hasta el punto de que no se nos note. Pero eso es imposible. Ese dolor les llega, aunque creamos que estamos logrando disimularlo; lo perciben en nuestra vivencia, en nuestro estado de ánimo, nuestros gestos, nuestras lágrimas contenidas, nuestra propia tristeza. Esa es una de las claves de la educación afectivo sexual: el silencio también educa. No hablar sobre algo no significa que no estemos educando en ello. Muy al contrario, trasmitimos un mensaje claro sobre la tristeza cuando la negamos, y es que es algo que hay que disimular o temer; le damos un valor de amenaza.

Además, más tarde o más temprano, van a tener que afrontarla y podrán hacerlo mejor si nosotras, sus familias, los acompañamos y sostenemos en ese proceso. Si no les posibilitamos herramientas para conectar con el miedo, el dolor y el asco, para poderlos atravesar y sostener, entonces activarán sus mecanismos de supervivencia interna. Si no pueden sostener el miedo, disociarán para sobrevivir y crear una falsa sensación de seguridad. Si no pueden atravesar el dolor, tendrán que anestesiarse para evitar sentirlo. Y si no pueden reconocer el asco y percibirlo como la señal de peligro que es, entonces serán víctimas de diversas formas de manipulación. Proteger a nuestros niños, niñas y adolescentes implica enseñarles a sostener el miedo, el dolor y el asco.

3.2.1 MIEDO O DISOCIACIÓN

El miedo es la emoción que nos permite detectar el peligro. Genera tres reacciones básicas: huir, paralizarse o pelear. Son las tres estrategias que el cuerpo sigue para manejar una situación de estrés. Es fundamental que nuestros niños, niñas y adolescentes:

- **Reconozcan el miedo** dentro de sí mismos cuando lo están viviendo. Para ello, las familias hemos tenido que hablarles del miedo (existe, les puede llegar y tienen herramientas para afrontarlo).

- Detecten las **señales corporales** que lo acompañan. Estas señales pueden variar de una persona a otra (sudoración, taquicardia, quedarse blanco, temblar, paralizarse, sentir que «se te encoge la tripa de susto», como dice el dicho popular, etc.). Hemos de enseñarles a identificar las suyas más habituales y a ver que las de otras personas pueden ser diferentes y eso no significa que su miedo sea menor.

- Puedan **sostener la emoción** en vez de negarla o disociarla. Es decir, que reconozcan que tienen miedo de forma consciente, que sean capaces de decirse internamente «Tengo miedo», y sepan comprender qué les produce ese miedo.

- **Decidan cómo actuar frente al miedo**. Nuestros niños, niñas y adolescentes deben conocer cuál es la reacción ante el estrés que más fácil les resulta y deben aprender a modularla en función de la situación. Deben lograr pedir ayuda partiendo de esa primera reacción. Si conocen cuál es su estrategia de manejo del estrés, pueden poner consciencia más rápidamente en lo que les sucede y manejarlo para poder pedir ayuda.

  - Hay personas que tienden a huir ante las situaciones de peligro. En principio, es una reacción sana. Queremos que cuando nuestros niños, niñas o adolescentes se encuentren ante una situación de peligro, salgan huyendo. Pero no siempre van a poder huir, ya que a veces la situación no lo permite.

  - Del mismo modo, hay personas que ante el miedo tienden a quedarse paralizadas, como les sucede a los conejos cuando los deslumbran los faros del coche en una carretera. Es fundamental que nuestros niños, niñas y adolescentes lo sepan para poder pedir ayuda lo antes posible. Porque es la reacción más peligrosa. La parálisis impide salir del peligro, impide a la persona reaccionar. Y, además, puede generar en las otras personas la sensación errónea de que el otro está aceptando la vivencia, que está de acuerdo con ella.

· También hay personas, tanto adultas como niños, niñas y adolescentes, que ante el miedo conectan con la rabia, que es la emoción que les permite reaccionar. La rabia es la parte activa de la protección. Es la emoción que permite reaccionar, poner un límite, decir que «no» y salir de la situación de una forma activa. Sin embargo, en las familias, a menudo tendemos a negar la rabia, a censurarla, a anularla en nuestros niños, niñas y adolescentes, y la afrontamos como una emoción negativa. En este sentido, tenemos que vigilar que, al tratar de brindar una educación desde la igualdad, no estemos penalizando y cercenando la rabia, especialmente en los chicos. La rabia no es una emoción negativa. En realidad, todas las emociones son positivas porque son útiles para la supervivencia del ser humano. Lo que puede ser dañino es cómo las manejamos, lo que hacemos con ellas. La rabia bien conducida nos lleva a protegernos, a poner límites y a pedir ayuda. La rabia mal conducida nos puede llevar a agredir a otras personas o a nosotros mismos. Y eso se cumple tanto para los chicos como para las chicas.

• **Pidan ayuda**. Una de las claves educativas esenciales es enseñar a nuestros niños, niñas y adolescentes que, ante el miedo, lo que deben hacer SIEMPRE es pedir ayuda. No deben creer que pueden solucionar las situaciones solos o solas, porque, dada su vulnerabilidad, en la mayoría de las situaciones no será así. Cuando les decimos a nuestros niños o niñas: «Sé fuerte, planta cara, defiéndete solo», en realidad los estamos colocando en una posición de riesgo. Frente a una persona adulta o frente a un grupo, siempre van a salir dañados. Necesitan aprender a apoyarse en figuras adultas de seguridad. Cuando tengan miedo, lo que deben hacer es contarlo y buscar a alguien que pueda ayudarlos. Una vez más, la red es una posibilidad de protección. Las familias hemos de tratar de vivir en red, y construir una red afectiva de apoyo y cuidado, como hablaremos en el siguiente capítulo. De este modo, cuando nuestros niños, niñas y adolescentes sientan miedo, tendrán no una sino varias personas a las que acudir.

> Lo que nos hace fuertes no es no sentir miedo, sino poder sostenerlo y tener a quien pedir ayuda.

Si todo este proceso no se da, si no reconocen el miedo y no identifican las señales corporales internas que les sirven para saber que tienen miedo, si no pueden sostenerlo y no se conocen lo suficiente como para saber cuál suele ser su reacción, entonces el miedo los bloqueará, los invadirá. Es esencial comprender que el ser humano es una especie animal mamífera, hecha para sobrevivir. Si tenemos miedo o nos sentimos amenazados, vamos a hacer lo que tengamos que hacer para sobrevivir. Y si el miedo se apodera de una persona y esta se siente tan pequeña y vulnerable (en el caso de los niños, niñas y adolescentes no solo se sentirán pequeños, sino que de verdad lo serán) que no puede salir de la situación, esta persona va a poner en marcha un mecanismo de supervivencia básico del cerebro que se llama «DISOCIACIÓN».

Disociar implica suprimir esas sensaciones corporales asociadas al miedo, o bien la consciencia sobre las mismas. Implica negar la emoción que vivimos hasta el punto de que parezca la contraria. En vez de miedo, puede parecer que nuestros niños, niñas y adolescentes están viviendo indiferencia, pasotismo o frialdad emocional. El cerebro dará una respuesta racional a la situación de peligro, pero sin emoción, sin hacer caso a sus señales de alarma internas. Eso llevará a nuestros niños, niñas y adolescentes a conductas de riesgo porque negarán las señales corporales del miedo, las que nos sirven para saber que estamos en peligro, que debemos buscar ayuda. Al negar esas señales, generarán una falsa sensación interna de omnipotencia.

Muchos niños, niñas y adolescentes presentan actitudes de chulería, engreimiento, frialdad y omnipotencia, como si todo les diera igual, cuando lo que están internamente es aterrorizados. Se han disociado. No pueden sentir ese miedo, ese terror. No pueden ponerle nombre porque se trata de sobrevivir, de salir adelante.

Si esto ocurre, si disocian, podrán manifestarlo de dos formas. O bien tratarán de paralizarse y negarse hasta casi hacerse invisibles o bien tenderán a conductas de riesgo desajustadas a la realidad de sus posibilidades. En los niños, niñas y adolescentes estos dos extremos se ven muy claramente cuando aprendemos a mirarlos bien (Romeo y Horno, 2021). El primer caso es el de los niños, niñas y adolescentes que se hacen «invisibles», los que tratan de desaparecer y pasar desapercibidos. Lo llamamos el «perfil internalizador», porque el miedo acaba produciendo daño interno, manifestándose y dirigiéndose hacia dentro. El segundo perfil, el de los niños, niñas y adolescentes falsamente omnipotentes, es el «perfil externalizador», cuando el miedo acaba produciendo conductas de riesgo y daño externo.

Como familias, tenemos que aprender a mirar el miedo que subyace a algunas conductas de nuestros niños, niñas y adolescentes. Saber que, cuando se colocan de determinada forma, nos contestan mal, nos dicen que no nos necesitan o que ellos ya lo saben todo, a menudo tienen más miedo del que pueden expresarnos. Y cuando se esconden en la habitación o dejan de hablar o de participar en las rutinas familiares, necesitan más presencia que nunca. La disociación se puede confundir demasiado a menudo con mala conducta, con mal comportamiento. Y esto ocurre en las familias, pero también en los centros educativos y con otros agentes sociales que conviven con los niños, niñas y adolescentes.

3.2.2 DOLOR O ANESTESIA

El dolor es una señal protectora que emite el cuerpo cuando hay algo que le está haciendo daño. Es como la fiebre, que es el indicador de una infección. El dolor físico y el dolor emocional son señales de alarma. Hay algo que nos está dañando, algo que, si no atendemos, nos puede romper por dentro. Cuando ese dolor dura demasiado tiempo, es demasiado intenso o no puede ser atendido, el cuerpo va a negarlo. A eso lo llamamos «anestesia», no sentir el dolor. Por ejemplo, cuando un montañero tiene un accidente y corre peligro de morir por congelación mientras le rescatan, su cuerpo bajará la temperatura corporal e incrementará mucho el umbral del dolor físico, de forma que a la persona le sea más fácil sobrevivir durante más tiempo. Por eso los montañeros pueden ver cómo se les caen los dedos de los pies congelados sin haberlo llegado a sentir. Por lo tanto, el dolor es un mecanismo protector del ser humano. Debemos ser capaces de percibirlo y sostenerlo.

Sin embargo, como familias, tendemos a querer evitar el dolor a nuestros niños, niñas y adolescentes. Nos sale del alma con cualquier niño o niña, pero más aún cuando son nuestros hijos e hijas. Queremos que no sufran, que no les pase nada malo. Sin embargo, es justo esa evitación constante de los pequeños dolores la que los pone en mayor riesgo ante los dolores importantes. Cuando el dolor llega, carecen de herramientas para afrontarlo. Entonces se bloquean, se quedan paralizados sin saber cómo sostener el dolor o incluso se anestesian para no sentirlo.

De hecho, una de las claves de los problemas de adicciones —sean drogas, alcohol, juego o videojuegos— es la necesidad de lograr una anestesia emocional. Se trata de no sentir aquello que le está pasando a la persona. Un adolescente puede sentir vergüenza e incomodidad al relacionarse con otros chicos y chicas y tratar de usar el alcohol para desinhibirse, para no sentirse así. Hasta que llega un punto en que depende del alcohol para relacionarse. Y como ese pequeño dolor, existen multitud de dolores que tratar de anestesiar: el dolor de las rupturas, los rechazos, los abandonos, las frustraciones o la soledad, la enfermedad y la muerte... Los pequeños y grandes dolores de la vida.

Un ejemplo muy claro de esta actitud en muchas familias es cuando se muere la mascota que tiene el niño o la niña y compramos una nueva mientras está en la escuela para sustituirla y que nuestro niño o niña no lo note, o le decimos que se ha perdido o se ha escapado de la jaula para que no piense que se ha muerto. La muerte es parte de la vida, y la naturaleza, en los animales y en las plantas, en toda su plenitud, nos enseña a integrar la muerte.

Ese aprendizaje nos prepara para cuando nos toca afrontar la muerte que duele más, la de las personas que queremos.

Si quien nos lee piensa que todo esto no tiene que ver con la sexualidad, pensemos en lo importante que es que las personas puedan reconocer el dolor que les producen determinadas pautas genitales. Lo importante que es que nuestros niños, niñas y adolescentes puedan marcar límites y decir «Esto me hace daño» o «Esto no me gusta» o «Esto me duele». Ser capaz de reconocer el dolor es una de las claves esenciales para que establezcan los límites de una sexualidad sana y placentera. Del mismo modo ocurre a nivel emocional y afectivo. Es fundamental que puedan sostener el dolor de la pérdida de una pareja sexual para no generar dependencias emocionales en las cuales estén dispuestos a sufrir, a que les hagan daño y a pasar dolores de diversa índole con tal de no atravesar el dolor del abandono, de la pérdida y la soledad.

> Es fundamental que nuestros niños, niñas y adolescentes aprendan a no anestesiar el dolor para que puedan sentar los límites protectores y evitar la dependencia emocional.

3.2.3 ASCO O MANIPULACIÓN

El asco es una de las sensaciones corporales y emocionales más importantes de cara a la protección. De hecho, es muy interesante ver cómo en la adolescencia los chicos y chicas se van acercando a las prácticas genitales, o cuando las chicas tienen la regla por primera vez, la reacción más habitual suele ser: «¡Qué asco!». Puede ocurrir por ignorancia, por falta de una educación afectivo sexual adecuada o por una valoración distorsionada de la higiene, entre otros muchos factores.

Pero en la sexualidad es fundamental que las personas vinculemos el placer a las sensaciones que nos hagan sentir bien, diferenciándolas claramente de aquellas que nos producen asco. Para ello, como familias, debemos dar el valor necesario al asco en la crianza. Hay muchas cosas que pueden darnos asco; algunas son inocuas (como puede ser una cucaracha o una comida), pero otras no lo son. Debemos aprender a utilizar el asco como una señal para detectar el peligro. Aprovechemos cuando un niño, niña o adolescente nos hable de algo que le da asco, sean las lentejas o las cucarachas, o cualquier otra cosa, para señalarle: «Si alguna vez alguien te hace algo que te hace sentir eso mismo que sientes al comer lentejas o al ver una cucaracha, ven y cuéntamelo».

Esta herramienta les será especialmente útil en contextos donde donde les una un vínculo afectivo con la persona con la que están compartiendo la vivencia. Por mucho que quieran a una persona, nuestros niños, niñas y adolescentes no deben permitir que esta los obligue a realizar cosas que les den asco, les revuelvan el cuerpo y les den ganas de vomitar. Ni el miedo al abandono, a perder a la persona; ni la vergüenza por el qué dirán de sí como personas; ni el miedo a ser ridiculizados; ni la ignorancia pueden llevar a nuestros niños, niñas y adolescentes a hacer o aceptar hacer cosas que les den asco.

Como familias, tenemos infinidad de momentos a lo largo del desarrollo evolutivo de un niño, niña o adolescente para hablar del asco, para hacerlo consciente, para enseñarles a reconocer el malestar de estómago o las ganas de vomitar como una señal de alarma que no deben desoír y ante la cual deben pedir ayuda, del mismo modo que lo harían si enfermaran del estómago físicamente.

> No menospreciemos la emoción del asco, ya que permite reconocer el abuso y la manipulación.

4

¿CÓMO ENSEÑAR A NUESTROS NIÑOS, NIÑAS Y ADOLESCENTES A CONSTRUIR UNA RED AFECTIVA PROTECTORA?

El ser humano es un ser que se construye en relación. Las personas nos necesitamos las unas a las otras para sobrevivir. Somos más fuertes si vivimos en red, en comunidad. Pero no solo es una cuestión de supervivencia y fortaleza, sino que nuestra propia identidad se construye desde la mirada del otro. Son las personas a las que queremos y con las que construimos vínculos las que nos hacen de espejos en los que nos miramos y desde los que vamos construyendo nuestra identidad. Las familias somos los espejos desde los que nuestros niños, niñas y adolescentes van a construir su identidad.

Este proceso se da desde el mismo nacimiento. Las familias somos las que, mientras cuidamos y atendemos las necesidades básicas, también vamos a ir nombrando a nuestros niños, niñas y adolescentes no solo el mundo, sino sus sensaciones corporales y sus emociones. Este proceso de mentalización en los primeros años lo realizamos constantemente. Por ejemplo, cuando un bebé siente una sensación de vacío en el estómago que no entiende lo que es pero que no le gusta, llora y le decimos: «¿Tienes hambre, ¿verdad?», y le damos de comer. En ese proceso el bebé ha aprendido que ese vacío en el estómago se llama «hambre» y que cuando come se alivia. Del mismo modo que sucede con este proceso simple, aprenderán todo en los primeros años de vida. Somos las familias quienes otorgamos significado y, lo que es más importante, valencia emocional a todo lo que un niño o niña va viviendo. Son nuestras reacciones emocionales, nuestras valoraciones, las que dan valor emocional positivo o negativo, las que los hacen sentir cualquier cosa que viven como un riesgo o, por el contrario, como algo apetecible.

Pero este proceso no termina en los primeros años de vida. Cuando en el niño o niña surge la consciencia sobre su propia identidad e imagen, y sobre todo a partir de los siete u ocho años, pasa a tener dos procesos de mentalización: el interno propio y el que le brindamos sus figuras de apego. Será como tener dos diálogos internos. Y ambos diálogos pueden coincidir o no. Algo puede generar al niño o niña internamente un enorme deseo y ser calificado externamente como dañino o peligroso. Y ambas valencias van a convivir internamente en la persona, generando un conflicto interno.

Por lo tanto, son las relaciones afectivas que establecen nuestros niños, niñas y adolescentes, sobre todo con sus familias, las que van configurando su propia identidad, la imagen que tienen de sí mismos como personas y las expectativas que van a generar respecto a otras relaciones con otras personas. Al final, su desarrollo acabará siendo lo que sean capaces de construir a partir de lo que les hemos dado.

Con la sexualidad ocurre exactamente el mismo proceso. Cuando sientan una sensación corporal a través de sus sentidos durante los primeros años, seremos sus familias, en nuestro rol de figuras de apego, quienes le otorguemos significado. Podemos hacerlo de forma más ajustada a nosotros y a nuestra vivencia. O, por el contrario, podemos hacerlo ajustándonos sensorial y emocionalmente a nuestros niños y niñas, de forma que otorguemos una valencia que tenga mucho más que ver con su propia historia o con su estado de ánimo en esos momentos que con nuestra propia vivencia.

Todo ese proceso hay que leerlo en clave de supervivencia, para darle la importancia que tiene. Cuando nace una persona, lo hace totalmente indefensa, sin capacidad ninguna para poder sobrevivir por sí misma. Somos las familias, como sus figuras de apego, las que vamos a garantizar su supervivencia, como ya vimos en el segundo capítulo. Dependen de nosotras. Por eso, el apego no es una cuestión de amor, sino de supervivencia. Es enorme la fuerza que tienen los patrones de apego y los modelos vinculares que surgen de esos patrones. A lo largo de su desarrollo, conforme se fortalezca y se haga autónoma, la persona será menos dependiente. Pero siempre habrá momentos de cansancio, de miedo, de sobrecarga o de riesgo en que necesite volver a esas figuras vinculares en busca de apoyo y sostén. Le pasará a nuestros niños, niñas y adolescentes y nos pasa a nosotros.

Por eso contar con una red afectiva protectora es condición para el desarrollo pleno de la persona. Uno de los factores que condiciona más la salud física y mental de una persona es disponer de esa red afectiva de apoyo. Tener ese refugio en algunas personas que cuidarán de nosotros cuando lo necesitemos. Como familias, nos toca asumir nuestro rol dentro de esa red. Ser un hogar al que volver. Ese complicado equilibrio entre dejarlos volar y darles un hogar al que volver. Como familias, estamos al comienzo, siendo las figuras de apego primarias de nuestros niños, niñas y adolescentes, y seguimos estando en su vida adulta, acompañando y sosteniendo cuando sea necesario a las personas adultas en las que se han convertido.

> Las familias somos el núcleo desde el que se construye la red afectiva protectora.
>
> Somos el lugar desde el que «volar», y el hogar al que volver.

Este papel protector de la red afectiva en el área de la sexualidad adquiere otro nivel de profundidad. Porque es en esa red donde la persona va a encontrar nuevos vínculos, nuevas relaciones y la posibilidad de formar una pareja, una familia y la posibilidad de reproducirse y convertirse, a su vez, en figura de apego de sus propios hijos e hijas. Por lo tanto, la red afectiva es imprescindible para ejercitar los derechos de libertad y elección sexuales, y para hacerlo en un contexto protector e igualitario. De nuevo, la sexualidad sana y plena se vive en relación, como el resto de las áreas de nuestro desarrollo. Y en la red afectiva protectora se unen la afectividad, la protección y la sexualidad.

Las familias configuramos esos patrones de apego desde los que nuestros niños, niñas y adolescentes van configurando su propia red afectiva. Es más, brindamos las oportunidades para construir esa red, eligiendo entornos seguros y protectores donde el niño, niña o adolescente pueda acercarse a otras personas en condiciones seguras. Parte de nuestra responsabilidad es garantizar la integración social de nuestros niños, niñas y adolescentes, así como una diversidad de estímulos y relaciones desde la que pueda ir construyendo su identidad. Desde esos vínculos acabarán de formar su propio modelo vincular, que será único cada vez porque cruzarán los patrones de apego construidos en la primera infancia con las experiencias vinculares posteriores. Además, encontrarán en esas personas «compañeras de camino» y en esa red la seguridad emocional para afrontar las dificultades desde una perspectiva igualitaria, muy diferente de las deudas afectivas que a menudo se establecen con las figuras de apego.

En ese sentido, las familias debemos poner consciencia en los criterios generales a promover en nuestros niños, niñas y adolescentes, y en nosotras mismas como personas adultas, a la hora de incluir personas en esa red afectiva, a la hora de elegir a esas personas «compañeras de camino». Seguro que habrá otros criterios también válidos, pero hay algunos que no deberíamos olvidar si queremos que sea una red afectiva y protectora que sirva a nuestros niños, niñas y adolescentes, y a nosotras mismas como familias. Estos criterios son:

- La **claridad** en la opción. Sea el tipo de relación que sea, es importante que la persona no tenga dudas de querer estar a nuestro lado y nosotros al suyo. Da igual que hablemos de formar una familia, de ser pareja o de una amistad, la claridad en la opción por parte de la otra persona debe ser un criterio de elección.

- **Disponibilidad y accesibilidad.** Las personas a las que incorporemos a nuestra red afectiva deben ser personas dispuestas a estar a nuestro lado; personas que estén presentes y que sean accesibles. Es esencial ser conscientes de que, para existir para otra persona, tenemos que procurar estar presentes y disponibles en su vida.

- Compartir **cosas en común**. Es importante tener claro que compartir aficiones, gustos, valores, formas de ser... hace más fácil la generación de relaciones afectivas y de una red sólida.

- Personas con **recursos ante la adversidad**. Si queremos construir una red afectiva protectora es importante tener la certeza de que las personas a las que elegimos no se van a bloquear ni a desaparecer en los momentos difíciles, sino al contrario. Por eso, a lo largo del tiempo y conforme atravesamos de la mano circunstancias adversas, las relaciones sanas se fortalecen, porque generan seguridad emocional.

- Personas que **generan paz**. Para elegir personas para nuestra red afectiva es importante tratar de buscar personas que nos generen paz. Construir relaciones con personas conflictivas, que generen problemas, que sean muy variables en su estado de ánimo, es mucho más complicado. Aunque es importante darse cuenta de que a lo mejor son personas que nos generan paz aun teniendo miedo en algunas ocasiones,

131

como nos pasa a todas las personas. Pero esa sensación de seguridad que nos brinda la red afectiva sana tiene que ver con elegir personas capaces de afrontar la adversidad con fortaleza y paz interna.

Esas personas que elijamos y con las que construyamos esa red afectiva protectora van a ir generando una memoria común. Esa memoria es memoria corporal, no solo racional o emocional. Son miles de pequeñas vivencias compartidas que van a dejar una huella en las personas que las viven. Por eso, conforme pasan los años, esa sensación de vínculo profundo y de red protectora se va afianzando.

> Construiremos una red afectiva protectora si elegimos personas disponibles, cálidas, que generen paz, con las que compartamos aficiones, con recursos ante la adversidad y que opten con claridad por estar en nuestras vidas.

En resumen, las familias debemos garantizar la protección de nuestros niños, niñas y adolescentes; les proporcionamos los modelos vinculares desde los que van a construir su afectividad y les proporcionamos las oportunidades de integración social necesarias para construir su propia red afectiva. Será esa red la que permita romper la soledad, salir más allá de sus vínculos primarios, encontrar esas personas con las que compartir su sexualidad y su genitalidad y construir ese proyecto de vida libre y responsable del que hablábamos al definir la sexualidad. Una red afectiva que estará construida desde el cuidado y la reciprocidad, y desde el reconocimiento de la dignidad de las personas como seres humanos al tratarlas de forma afectiva. Jugamos un papel nuclear en el desarrollo de la sexualidad de nuestros niños, niñas y adolescentes; tan importante que, cuando se mira con consciencia, puede incluso dar algo de miedo.

4.1 LA INTIMIDAD EN LAS RELACIONES AFECTIVAS

Partiendo de los modelos vinculares que han internalizado y de las oportunidades que las familias les brindamos de entornos seguros y protectores en los que relacionarse, nuestros niños, niñas y adolescentes viven un proceso gradual de construcción de la intimidad en sus relaciones. Este proceso les va posibilitando, entre otras cosas, una vivencia sana y plena de la sexualidad. Como familias, es importante que conozcamos ese proceso y que los ayudemos a hacerlo consciente (Horno y Fernández, 2022).

Empezarán por interactuar con otras personas. Interactuarán con muchas personas cada día; con quien les sirve el desayuno en la cafetería, con quien les vende el pan, con quien conduce el autobús que los lleva al colegio, con sus compañeros y compañeras de clase... y así hasta un sinfín de relaciones. Pero esas relaciones son solo interacciones que se inician con un propósito, una finalidad. No tienen valor afectivo alguno, solo un interés mutuo. Por ejemplo, cuando subo a un taxi, no necesito que sea una persona en concreto la que me lleve, ni tener una relación afectiva con esa persona. Lo que quiero es que me lleven a un sitio, y la persona que conduce el taxi quiere ganarse la vida con el dinero que le pago por ello. En este nivel de relación, lo único que pedimos a esas personas es un respeto mutuo. Para regular estas interacciones definimos los derechos humanos como marco jurídico que regula las relaciones humanas.

Pero parte de esas interacciones se cargan de valor afectivo. Las personas a las que van conociendo en algunos casos conectan con su historia personal. Su forma de moverse, de mirar, de sonreír o de mover las manos les recuerdan a algo o a alguien querido. Y entonces su historia les da un valor emocional. Y se lo puede dar en dos sentidos. A veces es positivo y los lleva a acercarse a esa persona y a querer conocerla más. Esa persona les cae bien, aunque no saben explicar muy bien por qué. Por el contrario, otras veces es una valencia negativa que los lleva a alejarse, a no confiar en esa persona. Es una sensación de «tripas» (Horno, 2018). Porque no es la forma de ser o de actuar de esa persona la que le da el valor afectivo, sino su historia de vida. Entonces establecerán **afectividad** con esa persona. Si la establecen en positivo, eso los llevará a querer conocerla más; si es en negativo, se alejarán. Cuando sucede en positivo, son personas que les caen bien, con las que comparten cosas, a las que les apetece conocer. Les pasa en el colegio y en las redes sociales. Son esos Tik Tok en los que se quedan enganchados, y esa persona les empieza a interesar. O es esa compañera de clase con la que comparten un trabajo.

No estamos hablando de personas con las que tengan intimidad aún, con las que compartan demasiado más allá de lo circunstancial. De hecho, si cambian de cole o si dejan de seguirlos en redes es probable que no vuelvan a tener contacto y que la relación muera. Pero son personas por las que sienten afecto y que hacen su vida más agradable. Tener ese tipo de relaciones en el cole es fundamental; gente con la que estar en el patio, conversar, con quien hacer los trabajos. Aunque no se vean fuera del cole, eso les permite sentirse acompañados.

De entre esas personas por las que sienten afecto, habrá algunas con las que empezarán a compartir **intimidad**. Les empezarán a contar sus cosas, a compartir sus preocupaciones y alegrías, a pasar tiempo juntos. A partir de ahí, habrán construido un nivel más profundo de relación, porque no solo sienten un afecto, sino que comparten intimidad, se conocen. Y esa intimidad les da a las personas la capacidad de hacerse bien, de cuidarse y ayudarse, y de saber estar mejor a su lado porque se conocen y saben las cosas que les importan. Pero también les da la capacidad de hacerse daño. Pueden utilizar ese conocimiento que les han dado en un contexto de intimidad para hacer daño. Por eso, la intimidad no puede ser forzada, ha de ser elegida y de forma consciente.

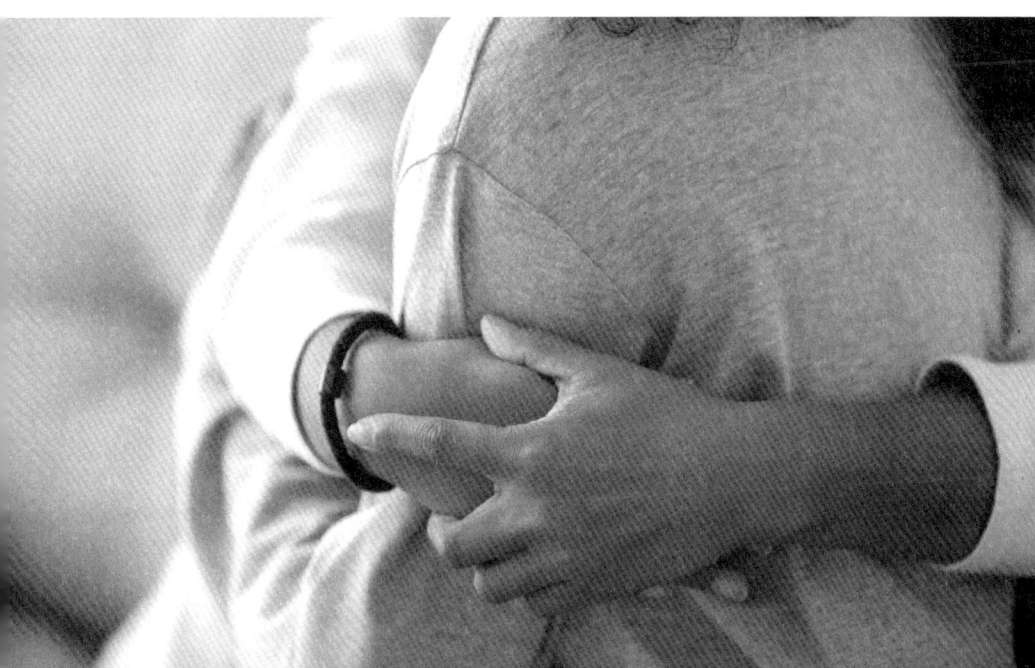

Deben ser conscientes de a quién le cuentan qué cosas porque, al hacerlo, les dan poder sobre sí mismos. Por eso, la trivialización y exposición de la intimidad que resulta hoy en día del uso de las redes sociales —de la que hablamos en el primer capítulo del libro— se convierten en un factor de vulnerabilidad para los niños, niñas y adolescentes. Se encuentran publicando, difundiendo información sobre sí mismos sin darse cuenta de que, al hacerlo, dan la posibilidad también de que les hagan daño.

Si la relación va profundizándose, los espacios de intimidad se generalizarán y compartirán tiempo con esa persona, la dejarán entrar en su vida. Hay un nivel de amistad diferente, por ejemplo, al que se llega cuando conocen a su familia, cuando los invitan a su casa o ellos los invitan a la nuestra. No es lo mismo ser compañero de clase que ser amigo. La amistad conlleva compartir intimidad y hacerlo de una forma libre, consciente y correspondida. Esa intimidad ha de ser recíproca. Si nuestros hijos o hijas invitan siempre a un amigo a casa, pero este nunca les corresponde con una invitación a la suya, sabremos que algo no va bien en esa relación. Las relaciones afectivas sanas han de ser recíprocas.

De todas esas personas a las que van conociendo y dejando entrar en su intimidad, habrá algunas por las que sientan **deseo sexual**. El deseo sexual es mucho más amplio que las relaciones genitales. Hablamos de la atracción física, del deseo, de la preferencia hacia esa persona sobre las demás, de encontrar placer en el contacto físico con esa persona. Esto ya aparece cuando nuestros niños y niñas son muy pequeños. Pueden querer a alguien, pero no desear darle un beso o un abrazo. El contacto físico no es algo que se quiera siempre ni con todas las personas, sino que forma parte de la dimensión sexual de la persona y no es lo mismo que el afecto. Podemos sentir afecto por alguien y no sentir ningún deseo por esa persona. La **sexualidad** es una dimensión de las relaciones que las lleva a un mayor nivel de profundidad. Aparece el placer compartido, la ternura, la química sexual con todas las sensaciones físicas que conlleva (las «mariposas en el estómago» que todo niño, niña o adolescente ha de aprender a reconocer dentro de sí mismo).

De nuevo, para que una relación profundice de forma positiva, ese deseo ha de ser mutuo y recíproco. Cuando esto no sucede, se pueden dar situaciones muy incómodas o incluso abusivas. Cuando obligamos a alguien que no quiere a dar un beso a otra persona o a compartir cama (aunque no lleguen a tocarse), si no lo desea, esa situación se vuelve dañina para la persona. Diferenciar el tratar de inculcar que sean personas educadas y respetuosas del forzar al contacto físico a otras personas es una estrategia preventiva nuclear que, como familias, debemos instaurar en nuestras relaciones. Que yo quiera abrazar a mi hijo o hija no significa que él o ella deban hacerlo en ese momento o en ningún otro si no lo desean. La sexualidad, de nuevo, es un nivel de profundidad en las relaciones al que solo se debe acceder de forma libre, voluntaria y consciente.

Por último, de entre todas las personas con quienes compartan sexualidad, por las que puedan sentir deseo sexual, habrá algunas con las que acaben más adelante compartiendo relaciones genitales. Las relaciones genitales son solo una de las esferas de la sexualidad, y a menudo las familias y los centros escolares cometen el error de centrar la educación afectivo sexual en ellas. El miedo a las relaciones genitales de riesgo, en las que nuestros niños, niñas y adolescentes puedan salir dañados, nos lleva a centrar el tema en ellas como si la sexualidad se resumiera y se limitara a la **genitalidad**.

Pero resulta que, para poder tener unas relaciones genitales sanas y placenteras, uno de los aspectos nucleares es cómo llegan a ellas. Puede que a esas relaciones hayan llegado en el marco de una relación afectiva, en la que llevan tiempo compartiendo su intimidad y siendo correspondidos y respetados en ella y habiendo dado su lugar al deseo sexual mutuo en toda su amplitud: caricias, besos, abrazos, etc. Entonces las relaciones genitales serán sanas y placenteras. Si, por el contrario, llegan a ellas sin consciencia, sin saber lo que están haciendo, sin ser correspondidos en el deseo o sin quererlas, entonces se convertirán en relaciones dañinas y abusivas.

> Es importante enseñar a nuestros niños, niñas y adolescentes la construcción consciente de la intimidad en las relaciones que establezcan.
>
> Es un proceso en el que se pasa de la afectividad a la intimidad, y de estas a la sexualidad.

Como familias, es fundamental darnos cuenta de que la profundidad en las relaciones se establece de forma gradual y como si fueran círculos concéntricos (Horno y Fernández, 2022), donde cuanto más íntimo sea el nivel de relación, menor será el número de personas con las que compartimos ese tipo de relación. Nuestros niños, niñas y adolescentes pueden sentir cariño por mucha gente, pero solo con algunas de esas personas generarán una amistad y compartirán intimidad, y serán aún menos personas con quienes lleguen a compartir su sexualidad o genitalidad. Y el paso de un nivel a otro ha de cumplir siempre las mismas características. Ha de ser un paso:

- **Libre y voluntario.** Violencia es obligar a una persona que no lo desea a tener relaciones genitales, pero lo es también, por ejemplo, obligar a alguien a contar algo de su intimidad o utilizar el conocimiento que ha dado en un contexto de intimidad para humillarla públicamente. El paso de un nivel a otro de relación ha de ser siempre libre. Se puede decir que «sí» y se puede decir que «no» al paso de cualquier nivel a otro. Se puede decir que «no» a un beso, a contar un secreto o a invitar a alguien a un cumpleaños. El consentimiento es una de las claves de la sexualidad humana en toda su amplitud, no solo en las relaciones coitales. El consentimiento es condición para la protección y la plenitud en la sexualidad.

- **Consciente**. Pueden dar un paso de un nivel a otro sin darse cuenta de que lo están dando. Pensemos en varios ejemplos. Alguien les puede manipular para que le cuenten un secreto y acabar contándolo sin darse cuenta a través del juego de «verdad o atrevimiento». Pueden encontrarse dando un beso a alguien por costumbre o para evitar una situación incómoda en la que se los acuse de ser fríos o distantes. Alguien puede establecer intimidad tan rápido que se encuentre cenando en nuestra casa sin saber muy bien cómo hemos aceptado. Y, por supuesto, pueden tener relaciones genitales sin consciencia si están en estado de embriaguez, por ejemplo.

- **Recíproco**. Es esencial dar cada uno de los pasos en un contexto de relación correspondida y recíproca. Compartir sus cosas y su espacio con quienes los invitan al suyo, expresar su deseo a personas que les corresponden en el mismo y aprender a percibir las señales en que ese deseo se manifiesta y, en caso de que haya duda, preguntarlo. Y, por supuesto, tener relaciones genitales con alguien que no lo desea es un delito. Se llama abuso sexual.

- **Lento**. Es necesario dar el paso de un nivel a otro de forma pausada, porque la rapidez dificulta la consciencia. Es importante que puedan saber si de verdad quieren dar el paso, para ajustarlo a sus necesidades y momento vital.

- **Seguro**. El paso de un nivel a otro de relación debe darse en condiciones seguras. En este nivel es cuando deberemos hablar de los métodos anticonceptivos que abordamos al tratar la salud sexual y reproductiva. Porque son el único modo de garantizar unas relaciones genitales seguras. Pero garantizar un entorno seguro y las condiciones necesarias para que la persona se sienta segura y protegida ha de ser condición en todos los niveles de relación. En la intimidad, por ejemplo, evitando hablar de determinados temas en un pasillo o delante de un grupo de personas. O en el deseo sexual, cuando hay momentos del desarrollo evolutivo como la adolescencia que se caracterizan por su confusión, por la ambivalencia, por no tener claro qué se desea ni a quién.

Como familias, es esencial trabajar este esquema internamente y con nuestros niños, niñas y adolescentes, y enseñarles a tomar consciencia de cómo se sitúan en una relación, cuál es el nivel de profundidad que quieren en la misma o si es recíproco y correspondido. Porque aprender a respetar el proceso de intimidad en las relaciones afectivas que se van generando es condición para generar una red afectiva protectora.

4.2 ¿CÓMO IDENTIFICAR LAS RELACIONES AFECTIVAS QUE NOS HACEN DAÑO?

Desde ese proceso de construcción de intimidad y profundidad en las relaciones, las personas vamos construyendo una red de relaciones interpersonales. Como familias, debemos tratar de enseñar a nuestros niños, niñas y adolescentes que esa red debe ser una red afectiva y protectora. Porque no todas las relaciones afectivas son positivas y constructivas para el desarrollo. Hay relaciones que hacen daño a la persona.

Cuando trabajamos con los niños y niñas más pequeños las temáticas de prevención de violencia y abuso sexual, hablamos de la diferencia entre «querer bien» y «querer mal» (Horno, 2013). Debajo de esa diferencia hay una realidad técnica clara que exponíamos en el apartado sobre el desarrollo evolutivo de los niños, niñas y adolescentes cuando hablábamos de las relaciones de apego y de los modelos vinculares que se construyen desde ellas. No todas las relaciones de apego son positivas para el desarrollo, no todas generan seguridad emocional en el bebé. Pero un apego ambivalente o evitativo no es menos apego o menos fuerte que un apego seguro, aunque dañe el desarrollo del niño o niña. Las relaciones de apego inseguro son tan sólidas como las seguras. Son tan fuertes, tan decisivas y tan influyentes en la vida de las personas como lo son las relaciones de apego seguras y los modelos vinculares autónomos que desde ellas puede construir la persona.

Hay relaciones afectivas que hacen bien y otras que hacen daño.

Las relaciones afectivas y sexuales sanas son recíprocas, públicas y sin violencia; unen el afecto al cuidado: cuidan en los malos momentos, protegen ante el riesgo y se alegran con nuestra alegría.

Por lo tanto, como familias, debemos enseñar a nuestros niños, niñas y adolescentes a diferenciar las personas que les «quieren bien» de las que les «quieren mal». Hay relaciones afectivas que hacen bien, y que contribuyen al desarrollo pleno de la persona, y relaciones afectivas que hacen daño, hieren la autoestima y generan inseguridad y necesidad de dependencia emocional. Es fundamental que nuestros niños, niñas y adolescentes puedan comprender que alguien los puede querer y al mismo tiempo hacerles daño. ¿Por qué? Por sus carencias, por su historia de vida... aunque no lo haga voluntariamente. Lo que deben aprender es a **reconocer esas relaciones que les hacen daño para alejarse de ellas y elegir los afectos que les hacen bien, que les generan seguridad y les permiten desarrollarse plenamente.**

Existen varios criterios básicos que, como familias, podemos enseñar a nuestros niños, niñas y adolescentes para distinguir entre las relaciones afectivas positivas y las dañinas. El primero sería claro. **Una relación afectiva positiva conduce a la autonomía; una dañina, a la dependencia emocional. «Querer bien» lleva a las personas a «volar».** Y «volar» a menudo implica alejarse de nosotras, sus familias. Alguien que nos quiere bien, desde nuestra propia familia hasta nuestros amigos o nuestra pareja, siempre nos impulsará a «volar», a salir y relacionarnos con otras personas, a estudiar, a divertirnos, a ser autónomos en nuestras decisiones. Las personas que nos quieren bien a veces están de acuerdo con nuestras decisiones y a veces no, pero nos impulsan a tomar decisiones autónomas.

Lo hacemos como familias cuando nuestros hijos e hijas son muy pequeños y los animamos a montar el juguete solos, a decidir el sabor del helado o cuando les permitimos tratar de saltar o subir a un árbol. Son infinidad de pequeñas decisiones en las que enseñamos e impulsamos a nuestros hijos e hijas a ser autónomos. También a veces hacemos lo contrario, cuando les elegimos la ropa, les imponemos las actividades extraescolares o les decimos varias veces al día cosas como «Ten cuidado», «No te fíes de la gente» o «Tú hazme caso a mí, que yo sé mejor que tú lo que tú necesitas» (atención a la desconexión interna que provocamos con esta afirmación, por ejemplo). Entonces, les estamos queriendo mal y conduciendo a depender de nosotras emocionalmente. Es lo que ocurre con la sobreprotección, que genera dependencia emocional y daña el desarrollo de nuestros niños, niñas y adolescentes. Si pensamos en ello, probablemente lo hacemos muchas más veces de lo que pensamos.

El segundo criterio ya lo hemos mencionado previamente. **Las relaciones afectivas sanas, del tipo que sean, siempre son recíprocas.** «Querer bien» es recíproco. Una amistad nunca será sana si no es correspondida. Ser pareja de alguien que no te corresponde es, sencillamente, imposible. Y, como familias, sabemos que, aunque las relaciones con nuestros hijos e hijas parezcan unidireccionales, siempre recibimos muchísimo de ellos y ellas. Conforme crecen y se convierten en personas autónomas, la relación se vuelve recíproca. Una de las enseñanzas más útiles que podemos dar a nuestros niños, niñas y adolescentes es que no todo el mundo los va a elegir, que no van a caer bien a todo el mundo. Y que eso está bien, porque no tiene que ver con su valía personal, sino con lo que otras personas ponen de su historia personal en ellos. Del mismo modo, tienen derecho a elegir sus relaciones y a reconocer que no todo el mundo les va a caer bien de «tripas». A partir de ahí, hay que tratar a lo largo de toda la vida de permanecer en relaciones afectivas recíprocas, en las que los elijan con la misma claridad con la que ellos han elegido.

Porque esa claridad está vinculada con el tercer criterio. **Una relación afectiva sana es pública, no se oculta**. Pública no en el sentido de hacer publicidad sobre ella. Tiene que ver con la integración social. Cuando dos personas establecen una relación afectiva del tipo que sea, quieren integrar a esa persona en su mundo relacional y que esa persona los integre en el suyo. «Querer bien» se vive de forma pública, no se oculta. Si la persona nos propone vivir la relación, sea de amistad, familiar o de pareja, a escondidas, nos está «queriendo mal». Podemos ver varios ejemplos. Cuando nuestros niños, niñas y adolescentes hacen una nueva amistad, tienden a traerla a casa, a presentárnosla. Ser amigo de alguien que nunca ha ido a su casa, cuya familia no conocen o del que apenas saben nada de su vida acaba siendo extraño. Es muy difícil que puedan confiar en alguien que no confía en ellos, que no les cuenta sus cosas ni les presenta a su mundo relacional. Cuando más adelante se emparejan con alguien, es esencial que esa pareja sea reconocida públicamente, que puedan presentarla en nuestra casa y sea aceptada por ambas familias y por los amigos. De hecho, este es uno de los duelos más importantes para algunas personas con orientaciones sexuales e identidades sexuales minoritarias que no son aceptadas por sus familias, que no pueden incorporar de forma legítima, pública y clara a su pareja en su vida.

En definitiva, una relación afectiva que se mantiene oculta puede ser una relación muy intensa (pensemos en las personas que mantienen una relación que ocultan a sus parejas), pero acaba siendo dañina. Y, desde luego, esta es una de las claves para identificar el abuso. Nuestros niños, niñas y adolescentes deben aprender que cuando alguien les dice «Esta relación queda entre nosotros, no se lo cuentes a nadie, porque no lo van a entender y no van a saber entender lo especial que es» es un indicador claro para reconocer el abuso y cortar la relación.

En ese vivir las relaciones afectivas desde la integración social pública, surge el siguiente criterio. **Las relaciones afectivas sanas se expresan.** El afecto se expresa. ¡Qué importante es comprender esto como familias! Cuántas veces hemos escuchado eso de: «Pero si él ya sabe que le quiero». Ninguna persona, ni adulta ni niño, niña o adolescente, sabe que otra persona le quiere si no se lo demuestra. «Querer bien» se expresa, sea físicamente (caricias, abrazos, besos...), con las palabras («Te quiero», «Qué orgullosa estoy de ti», «Qué importante ha sido para mí eso que has hecho») o con los hechos (te hago el zumo de naranja, te voy a buscar al colegio, al trabajo o al aeropuerto cuando vuelves de un viaje, veo la peli que te gusta solo por estar contigo, etc.).

Las personas no sabemos que nos quieren, nos sentimos queridas. Y nos sentimos queridas porque nos lo expresan. Nuestros niños, niñas y adolescentes deben haber vivido esto en nuestros hogares de forma natural, estar acostumbrados a que les digamos que les queremos, les demos el abrazo de buenas noches o a que sus familias pasemos tiempo con ellos y ellas. Deben aprender que una relación afectiva en la que nunca se demuestra lo que se siente acaba siendo dañina, aunque no todo el mundo tiene que expresarlo de la misma forma. Hay personas a las que el contacto físico les cuesta más o que son menos de hablar. Pero encuentran su manera de expresarlo y de hacer sentir a la otra persona querida. Si no es así, esa relación acaba haciendo daño a la persona porque se tienen dudas y eso genera inseguridad. Y, por supuesto, si esas expresiones afectivas se alternan con otras de violencia, entonces la expresión afectiva pasa a ser manipuladora, es decir, una forma de violencia emocional.

En esa expresión emocional hay un aspecto concreto que puede ayudarnos enormemente a explicar a nuestros niños, niñas y adolescentes esta diferencia entre las relaciones afectivas positivas y las dañinas. Las personas que quieren de una forma auténtica, sana, van a mostrarse en dos momentos clave:

- Acompañan en los malos momentos. Una de las claves para distinguir una relación afectiva sana es que une el amor al cuidado. Una persona que «quiera bien» los cuidará cuando estén enfermos, los acompañará en la tristeza, pedirá ayuda cuando sepa que están en riesgo. El **unir el afecto al cuidado es una de las claves de una relación sana**.

- **Se alegran por su alegría**. Las personas que les «quieran bien» serán capaces de alegrarse por las cosas buenas que les pasen, aunque esas cosas no los beneficien a ellos o supongan incluso la posibilidad de perderlos. Por ejemplo, una pareja adolescente que se quiere bien es aquella en la que a uno de ellos le surge la posibilidad de ir a estudiar a otra ciudad o al extranjero, la otra persona lo apoya y lo empuja a aceptar esa oportunidad, aunque suponga separarse físicamente o una dificultad para la continuidad de la relación. Es interesante darse cuenta de que esta segunda expresión, el alegrarse con la alegría ajena, requiere una autenticidad en el afecto, una generosidad que no es tan fácil encontrar. Muchas veces pueden aparecer la envidia, los celos o el miedo a la pérdida como reacciones emocionales ante la alegría de la otra persona.

Así mismo, nuestros niños, niñas y adolescentes han de aprender que **una relación afectiva sana conlleva tiempo**. Siguiendo los criterios en el proceso de creación de intimidad y profundidad, el paso de un nivel a otro ha de ser lento para permitir la consciencia sobre la decisión, para darse cuenta de que están creando esa relación y deleitarse en ello. Las relaciones afectivas sanas, sean como familias, de amistad o de pareja, requieren tiempo. El tiempo genera consciencia y profundidad. Es importante que ese tiempo sea un tiempo de apertura emocional, de presencia, un tiempo para ser y no para hacer cosas. Si decimos que pasamos tiempo con nuestros niños, niñas y adolescentes cuando lo que estamos haciendo es contestar *mails* o poner lavadoras o cocinar, ése no es un tiempo vincular, no es un tiempo que genere una relación sana, salvo que hagamos esas tareas (cocinar, poner la lavadora) juntos y como un juego. El tiempo del que hablamos es un tiempo de estar ahí, a su lado, de conversar y reír juntos, de jugar. Y esa pauta nuestros niños, niñas y adolescentes la tienen que generar en otras relaciones. Han de buscar relaciones en las que se compartan tiempos que impliquen apertura emocional, sea en la pareja, en la amistad o en sus propias familias. No es posible una relación afectiva sana sin la apertura emocional de las personas. Se trata de pasar tiempo juntos y abrirse el alma mutuamente.

Por último, **una relación afectiva sana nunca aísla a la persona ni ejerce violencia contra ella**. Una relación afectiva sana, como hemos visto previamente, busca la integración social y expresa su afecto de forma pública, así que nunca conducirá a una persona al aislamiento, sino todo lo contrario. Una relación afectiva sana siempre va a conducir a tener amigos, a llevarse bien con sus familias, a salir y conocer gente. Una relación afectiva dañina va a aislar, va a poner problemas cuando salgan con otras personas, va a llevarlos a construir una estructura simbiótica donde todo haya que hacerlo juntos, incluso puede llegar a enemistarlos con sus amistades o su familia.

El aislamiento es una de las muchas formas de violencia emocional que se pueden ejercer en una relación. Cuando hablamos de ejercer violencia dentro de la relación, la violencia física es más fácil de ver. Pero la sexual y la emocional son mucho más complicadas. Respecto a la violencia sexual, volveremos más adelante, pero solo por ver un ejemplo, forzar a otra persona a tener relaciones sexuales de cualquier tipo cuando no lo desee, antes de que lo desee o con mayor frecuencia de la deseada son tres formas de abuso sexual que, al suceder en el marco de una relación de pareja, son muy difíciles de percibir como tal.

Pero, de todas las formas de violencia, las más difíciles de identificar son **las formas de violencia emocional**. Las más habituales son:

- El chantaje y la manipulación: «Si me quisieras, no harías esto», «Con lo que yo me esfuerzo por ti», «Qué van a decir los demás», etc.

- La amenaza, especialmente con el abandono: «Si no te acuestas conmigo ya, voy a buscar otra persona que esté dispuesta a hacerlo», etc.

- El aislamiento o ruptura de la red afectiva protectora de la persona: «Tu familia no quiere que estemos juntos porque no comprenden nuestro amor», «Tus amigas tienen envidia de lo que hay entre nosotros», etc.

- La humillación: utilizar el conocimiento que se tiene de una persona para ridiculizarla, sea en privado o en público.

- Hacer el vacío (hoy en día las y los adolescentes hablan del *ghosting*, que es comportarse como si esa persona fuera un fantasma, no existiera, no contestarle cuando habla, no esperarle al caminar por la calle, etc.).

- Insultos, gritos, denigraciones, etc.

En el marco de esta diferencia entre las relaciones afectivas positivas o dañinas, entre el «querer bien» y el «querer mal», es donde podemos trabajar con nuestros niños, niñas y adolescentes, sobre todo con los más pequeños, el valor que se les da a los secretos en las relaciones. Una de las mayores amenazas que se utilizan en las relaciones entre iguales es acusar a la otra persona de «chivata» o de «bocazas». Por eso es nuclear diferenciar entre los buenos secretos y los malos secretos. Porque una persona que revela un mal secreto, lejos de ser una chivata, es un buen amigo o amiga. En una relación afectiva sana, los buenos secretos son los que se guardan (un regalo para alguien, una fiesta sorpresa o algo que alguien nos cuenta de su intimidad y que no quiere que contemos), mientras que los malos secretos se cuentan y se busca ayuda. En una relación afectiva dañina, se amenaza con contar los buenos secretos que se saben de la otra persona y se la utiliza para guardar malos secretos.

Algunos criterios que nos pueden servir, como familias, para explicar esta diferencia entre «secretos buenos» y «secretos malos» son los siguientes (Horno, 2013):

- Los malos secretos nos hacen sentir mal. Es una sensación de «tripas» que se da, aunque no podamos explicar por qué.

- Los malos secretos implican que la persona se haga daño o que haga daño a otra persona, ya sea otro niño, niña o adolescente o una persona adulta. Por ejemplo, robarle la merienda a un compañero, colgar algo de su intimidad en las redes sociales, etc.

- Los malos secretos son los que implican hacer algo que las figuras parentales no les dejarían hacer. Por ejemplo, faltar a clase, consumir droga, etc.

- Los malos secretos son aquellos que vienen de personas desconocidas.

149

4.3 EL DESEO, LA RESPONSABILIDAD Y EL CONSENTIMIENTO

Una red afectiva protectora se genera eligiendo con consciencia a las personas, respetando el proceso de construcción consciente de la intimidad y sabiendo diferenciar las relaciones sanas de las dañinas. Pero hay un último elemento clave que, como familias, debemos promover en nuestros niños, niñas y adolescentes: su propia responsabilidad afectiva.

Desear algo no es motivo suficiente para tenerlo; mucho más cuando ese algo tiene que ver con otra persona. La reciprocidad es una condición imprescindible para las relaciones afectivas sanas en cualquiera de sus niveles de profundidad. Pero esa reciprocidad no solo tiene que ver con lo que nuestros niños, niñas y adolescentes reciben de las otras personas, sino también con su forma de colocarse y entregarse.

> Nuestra responsabilidad afectiva sobre las relaciones es parte de la construcción de una red afectiva positiva y protectora.
>
> Se trata de cuidar las relaciones desde la empatía, la congruencia y el respeto a los límites que nos marquen las otras personas, incluido el del consentimiento en las relaciones sexuales y genitales.

Para aprender a situarse con responsabilidad afectiva, la primera clave es, de nuevo, la conexión interna. Es la consciencia sobre sus propios deseos, sensaciones corporales y emocionales la que les va a permitir decidir de forma integrada cómo manejarlos. Y aquí nos encontramos con el primer problema: la desconexión interna en la que crecen muchos niños, niñas y adolescentes, cuando no la negación y la disociación de sus propias vivencias.

Hablamos a menudo de trabajar la empatía en los niños, niñas y adolescentes sin entender que **la empatía no es posible sin conexión interna**. Como personas, no podremos conectar ni comprender lo que sienten las otras personas si no podemos sostener lo que sentimos o vivimos nosotros mismos. Si queremos generar empatía en nuestros niños, niñas y adolescentes, debemos enseñarles a comprender sus propios estados internos con las pautas que hemos trabajado en el capítulo anterior. Desde ahí, podrán comprender los de las demás personas. El lenguaje no verbal, por ejemplo, sirve para reconocer las emociones en las otras personas, pero solo si sabemos cuáles son las emociones y sabemos identificarlas y diferenciarlas en nosotros mismos.

Una vez que podemos identificar lo que estamos viviendo internamente e intuir lo que está viviendo la otra persona, podremos integrarlo de forma consciente y actuar en consecuencia. La actuación desde la responsabilidad afectiva conlleva actuar desde el respeto y tratando de no hacer daño ni a nosotros mismos ni a las demás personas.

Por lo tanto, conviene que, como familias, revisemos las claves más importantes de la responsabilidad afectiva y cómo las estamos enseñando en la vivencia familiar cotidiana a nuestros niños, niñas y adolescentes.

La primera clave ya la hemos mencionado. Tiene que ver con **la reciprocidad como clave de las relaciones afectivas sanas**. Del mismo modo que las acciones de los demás nos generan un impacto interno, nuestras acciones lo tendrán en las demás personas. Debemos asegurarnos de que ese impacto no sea dañino. Es importante revisar, como familias, la actuación que tenemos cuando un niño o niña hace daño a otro, sea accidental o intencionalmente, si le damos valor a ese daño y buscamos su reparación. Cuando las familias pensamos en el *bullying* o maltrato entre iguales, casi siempre pensamos en nuestros hijos e hijas como posibles víctimas, pero es necesario pensar si estamos educando en la responsabilidad afectiva lo suficiente como para que no sean agresores o agresoras de otros niños, niñas o adolescentes. Debemos enseñarles a comprender el impacto que sus acciones y sus palabras tienen en las demás personas.

En este sentido, hay una pauta concreta pero muy útil que debemos tratar de promover en las familias para que luego nuestros niños, niñas y adolescentes la generalicen a otros espacios de relación. Se trata de que, cuando hablemos o actuemos, asumamos la responsabilidad sobre nuestras emociones y actos. Hablemos siempre en primera persona. Es la diferencia entre decir: «Me siento triste» o «Estoy enfadada» en vez de decir: «Es que me sacas de quicio» o «Me pones triste». Nadie es responsable de nuestros estados emocionales, solo nosotras. Esta es una clave comunicativa esencial. Debemos hablar siempre en primera persona para hacernos responsables de nuestras emociones y nuestros actos.

Además, cuando existe un vínculo afectivo con la otra persona, ese daño puede ser mucho mayor; por eso, nuestros niños, niñas y adolescentes han de aprender desde su vivencia en nuestros hogares que hay dos límites que no se cruzan nunca, sea en un vínculo de pareja, familiar o de amistad:

- **No cuestionar a las personas, sino sus acciones**. Se cuestionan las acciones de la persona, no su dignidad. Cuando cuestionamos una conducta, la persona puede cambiarla. Cuando cuestionamos a la persona, la culpabilizamos y la denigramos. Se puede decir: «Esto que has hecho está mal» pero nunca cosas como: «Eres un desastre» o «Eres malo».

- **Nunca cuestionar el vínculo que nos une a esa persona ni amenazar con abandonarla.** La amenaza con el abandono es una forma de violencia emocional muy habitual en las relaciones afectivas como forma de chantaje. Hay algunas frases que como familias nunca debemos decir, como por ejemplo: «Sé bueno, con lo que yo te quiero...», «Si no haces esto, me buscaré a alguien que esté dispuesto a hacerlo por mí», «Como sigas así, te llevo a vivir con la abuela», «No te soporto», «No te quiero» o «Me arrepiento de estar contigo».

Otro elemento clave de la responsabilidad afectiva es la claridad. **Actuar con claridad y de forma congruente.** Si decimos una cosa y hacemos otra, generamos confusión en la otra persona. Es necesario, partiendo de la conexión interna, hacerse responsable de que nuestras acciones sean coherentes con nuestras sensaciones corporales y vivencias emocionales. En esa misma línea de claridad, unida a la necesidad de que las relaciones estén integradas socialmente y sean públicas para ser sanas, el marco de las relaciones ha de ser claro. Por ejemplo, si somos amigos de alguien en el trabajo, no lo ocultamos al resto de los compañeros.

Es esencial, como familias, que la claridad sea la pauta habitual de nuestras relaciones. Por ejemplo, que nuestros niños, niñas y adolescentes puedan tener más o menos una rutina que no cambie cada día, de forma que tienen claridad sobre lo que van a vivir. Que nosotros como figuras parentales seamos coherentes con las normas que les imponemos, y no pedirles a ellos que no tengan el móvil en la mesa cuando son adolescentes si nosotros lo hemos tenido durante toda su infancia. Que las normas sobre lo que se puede o no hacer en casa sean claras y comprensibles a cada edad. Y un elemento clave de la claridad: que las figuras parentales actuemos conforme criterios comunes. Si uno dice una cosa y el otro la contraria, eso genera confusión, no claridad.

La responsabilidad afectiva tiene todo que ver con los límites. Aprender a **respetar los límites que nos marquen las otras personas, los entendamos o no, del mismo modo que pedimos a la otra persona que respete los nuestros**. No se trata solo de hablar del consentimiento en las relaciones sexuales de cualquier tipo, sino de los límites en las relaciones. La otra persona puede marcar límites en la intimidad, en los tiempos, en las formas de relacionarse... en un montón de variables que definen una relación afectiva, sea de amistad, de pareja o familiar. Puede que esos límites no nos gusten y decidamos, por tanto, no permanecer en esa relación afectiva. Pero lo que no podemos hacer es permanecer saltándonos esos límites, porque eso supone un engaño, una utilización de la persona y un daño afectivo.

Es importante pararnos a pensar cómo manejamos los límites dentro de las familias, si hay espacios privados dentro de las familias o si todos los espacios son comunes. Por ejemplo, si cuando vamos al baño nos permitimos cerrar la puerta y exigir a nuestros hijos e hijas que esperen a que acabemos para enseñarles con claridad que hay tiempos y actividades que se hacen a solas. Cómo manejamos los límites en cuanto a los espacios, los tiempos y las actividades que se permiten o no se permiten en las familias es algo sobre lo que reflexionar. Un ejemplo concreto de este permitir los tiempos en lo referente a la sexualidad sería que cuando, en apartados anteriores, hacíamos referencia a la pauta de indicar que la autoexploración es una práctica positiva pero que se debe realizar en la intimidad, es importante que creemos espacios y tiempos para ello. Ya que no sería coherente que defendiéramos algo que no pueden llevar a la práctica. Permitir tiempos de soledad e intimidad a nuestros niños, niñas y adolescentes es parte de una crianza consciente y una educación afectivo sexual plena.

En este sentido, a la hora de manejar los límites es esencial **diferenciar conflicto de agresión**. El conflicto es parte inherente de las relaciones, es inevitable y, además, es una oportunidad de crecimiento. No debemos temer al conflicto ni evitarlo porque muy probablemente la ausencia de conflicto vendrá vinculada a la anulación de la consciencia interna de alguna de las personas. Pero el límite está en la forma de manejar ese conflicto. En el momento en que lo manejamos con violencia, que agredimos a la otra persona o que permitimos que nos agredan, hay que salir de ahí. Y este aprendizaje sobre la diferencia entre el conflicto y la agresión se internaliza muy pronto.

Nuestros niños, niñas y adolescentes aprenden a distinguirlo en función de cómo se manejan los conflictos en sus familias. Somos las familias quienes enseñamos esta diferencia. Podemos legitimar la violencia como un modo de resolver los conflictos solo por cómo respondemos a los retos que nuestros niños, niñas y adolescentes nos plantean en la crianza. Es un tema sobre el que merece la pena pararse a pensar: qué hacemos nosotros cuando nuestros hijos e hijas nos llevan al límite. Porque esa vivencia será la que internalicen y puedan generalizar a otras relaciones afectivas futuras.

Por lo tanto, la responsabilidad afectiva es una actitud que se aprende en las familias y que se convierte en condición imprescindible para poder construir relaciones afectivas sanas. Si se ha instaurado adecuadamente, la cuestión del consentimiento en las relaciones sexuales y genitales ni siquiera se planteará. **Ninguna persona que viva con responsabilidad afectiva concebirá forzar o no respetar el consentimiento de otra persona en las relaciones sexuales ni, por supuesto, genitales.** No forzará a nadie a darle un abrazo, como no se lo dará a quien no le nazca. Y, evidentemente, no se planteará tener relaciones genitales con una persona drogada o en estado de embriaguez que es incapaz de mantener consciencia sobre sus acciones y, por tanto, de dar su consentimiento. Tampoco tratará de manipular a la persona para conseguir ese consentimiento. Y, obviamente, entenderá que tener relaciones genitales con una persona que no las desea no es otra cosa que una violación.

Por lo tanto, no se trata de que eduquemos respecto al consentimiento sexual, sino de algo mucho más amplio: la responsabilidad afectiva. Y ser conscientes del rol nuclear que tenemos como familias en el desarrollo de esa responsabilidad afectiva en nuestros niños, niñas y adolescentes.

5

LOS RECURSOS CON LOS QUE CONTAMOS LAS FAMILIAS PARA PROMOVER UNA SEXUALIDAD SANA EN NUESTROS NIÑOS, NIÑAS Y ADOLESCENTES

5.1 LA VIVENCIA DE NUESTRA PROPIA SEXUALIDAD

Todas las personas adultas hemos tenido una historia llena de vivencias y experiencias que han ido configurando nuestras actitudes, modos de pensar, sentir y actuar en relación a nuestra sexualidad y que, lejos de ser inamovibles, han ido cambiando progresivamente a medida que íbamos creciendo.

Venimos de una época en la que nuestras familias no consideraban que la sexualidad fuese algo que se debía educar. La sexualidad para ellos y ellas estaba reducida a la reproducción y se practicaba en el matrimonio, por lo que era algo para lo que te preparabas después de casarte. Esa fue también su educación; el sexo era un tabú, y así nos lo hicieron saber. Casarse era casi una obligación. No había otros modelos de familia posibles. La expectativa de nuestras familias era, por tanto, tener hijos e hijas heterosexuales que quisiesen continuar con la saga familiar.

No nos educaron explícitamente, pero sí lo hicieron a través de sus silencios, actitudes y comentarios. Por lo que, aunque esa forma de vivir la sexualidad no tenga nada que ver con los valores que tenemos ahora, la tenemos ahí, grabada en el inconsciente.

No nos enseñaron a hablar de sexualidad en familia. No tuvimos referentes familiares con quienes resolver nuestras dudas. No se hablaba de ello en los colegios, más allá de las campañas para hablar de la menstruación o la clase de biología donde tocaba el tema de la reproducción humana.

Para la mayoría de las personas de nuestra generación (quienes fuimos criados entre los años setenta y noventa, década arriba, década abajo) hablar sobre sexualidad con nuestras hijas o hijos no es una práctica habitual porque no tenemos referentes en los que fijarnos, y nos sigue conectando con la vergüenza del tabú que nos hicieron sentir que era. Sin embargo, la juventud de los años 60 protagonizó la llamada «revolución sexual», que desafió los códigos tradicionales de la moral de la época. Las generaciones que nos precedieron comenzaron a luchar por la igualdad entre hombres y mujeres, el uso del preservativo, la legalidad del aborto o los derechos del colectivo gay.

Las que vivimos nuestra adolescencia entre la década de los 80 y los 90, recordaremos la campaña en televisión del «Póntelo, pónselo», que promovía el uso del preservativo entre la población más joven para prevenir los contagios del SIDA. Y esa fue la imagen con la que crecimos, asociando sexualidad a contagio. Pero, al menos, ya se reconocía que la juventud tenía relaciones sexuales, por lo que esta campaña tuvo un enorme calado entre nosotros y nosotras.

Por tanto, de forma generalizada crecimos y aprendimos sobre nuestra sexualidad por ensayo y error, a partir de la experiencia, por lo que cada historia personal será única y tendremos que remontarnos a nuestra propia biografía para conectar con nuestra niña y adolescente interior e identificar las necesidades que tuvimos y no fueron cubiertas. Algunas de ellas pueden coincidir con las que estén viviendo nuestras hijas e hijos ahora, pero otras no, porque pertenecen a un contexto histórico y social distinto, con unos escenarios de socialización diferentes.

> Mirar a nuestro niño o niña interior y sus necesidades no cubiertas es un punto de partida para comprender lo que nos piden nuestros niños, niñas y adolescentes.

En nuestra cultura no es habitual hablar sobre nuestra sexualidad, ni con niñas y niños, ni entre personas adultas. Es una parcela de nuestra vida que reservamos a la intimidad. Y, cuando todo va bien, no hay ningún problema; pero muchos hombres y mujeres tienen dudas sobre su propia sexualidad o no están satisfechos con la misma, y no encuentran el lugar para expresar esta experiencia. La vergüenza los lleva a guardar silencio.

Por lo que lo primero que debemos plantearnos es cómo vivimos nosotros nuestra sexualidad ahora.

En algunos casos, tendremos que hacer un ejercicio de reflexión y analizar, por ejemplo, **estereotipos que tenemos interiorizados** sobre el género o sobre la diversidad afectivo-sexual: ¿pensamos que los niños no lloran, que las niñas son sensibles, que hay juguetes más apropiados para cada uno de ellos? Si la respuesta es sí, es importante que comencemos desmontando esas ideas en nosotros mismos, ya que, de no ser así, será imposible transmitir una igualdad de género en la que no creemos, y terminaremos haciendo comentarios poco apropiados, como pueden ser «Pórtate bien, que eres una señorita» o «Tienes que ser fuerte y valiente como un campeón».

Debemos cuidar especialmente nuestros **prejuicios**, que en ocasiones transmitimos a través de comentarios en forma de chistes que pueden resultar ofensivos. Por ejemplo, si decimos «Qué asco» cuando vemos a una pareja de hombres besarse, o consideramos que eso deberían de hacerlo en privado. Si nos burlamos de las personas homosexuales o transexuales, aunque después, en nuestro discurso, digamos que aceptamos todas las orientaciones e identidades, estaremos lanzando un mensaje contradictorio. No estamos siendo coherentes. Si los niños y niñas crecen escuchando ese tipo de bromas homófobas y machistas, interiorizarán que ser homosexual es motivo de burla y que tiene connotaciones negativas, por lo que no expresarán con libertad su orientación del deseo.

Así pues, comencemos incorporando una actitud positiva y sana hacia la sexualidad, para poder acompañar como figuras de referencia en el desarrollo de la misma ayudándolos a que puedan permitirse vivirla de la misma manera, como una parte placentera y enriquecedora del desarrollo humano.

Eso no significa que tengamos que negar o disimular nuestra forma de pensar; la **sinceridad y la apertura** serán fundamentales. Desmontar estas ideas es un proceso de deconstrucción que parte de reconocer que las tenemos, y que tenemos buenos motivos para tenerlas si echamos la vista atrás, pero que queremos liberarnos de ellas para ofrecer una educación sexual más sana y libre que la recibida. Podemos hacer referencia a ello reconociendo que estamos dándonos cuenta de algunos patrones que ahora vemos que no son sanos y que no queremos seguir reproduciendo.

Sin embargo, una cosa es trabajar nuestros propios prejuicios, y otra cosa es considerar que debemos cambiar nuestra forma de vivir la sexualidad. Como familias, es importante ser honestas con nosotras mismas. Por ejemplo, podemos sentirnos cómodas en una playa nudista o no. Y eso no significa que consideremos el desnudo como algo malo que hay que esconder; simplemente es algo que no va con nuestra forma de ser y no tenemos por qué forzarnos a vivir situaciones que nos incomodan por transmitir un modelo de conducta que nos parece más libre para que nuestros hijos e hijas aprendan a naturalizar la desnudez. Sería suficiente con poder decirles que «algunas personas disfrutan de bañarse desnudas, pero otras se sienten más cómodas usando un bañador», y que ellos y ellas pueden elegir la manera en la que estén más cómodos, pero que nosotros preferimos el bañador.

Como personas que somos con una historia de vida determinada, obligarnos a nosotras mismas a mostrar nuestra desnudez sería no respetar nuestra propia intimidad. Esto ocurre cuando se considera que «ser natural» es reproducir un determinado cliché, lo cual nos invita a hacer teatro y a pasar por encima de lo que realmente somos y sentimos.

La actitud con la que vivamos nuestra propia sexualidad será fundamental, y esto incluye la manera que tenemos de **expresarnos afectivamente** en público, tanto con nuestra pareja —si la tenemos—, como con amigos o familiares. Nuestros hijos e hijas irán aprendiendo a partir de la observación de nuestros comportamientos, por lo que no basta con que los abracemos mucho a ellos o a ellas, sino que también observarán si abrazamos al resto de personas con las que mantenemos una relación afectiva entre personas adultas.

En el caso de vivir en pareja, somos **modelo de relación**, por lo que tenemos que reflexionar sobre cómo nos expresamos el afecto, cómo resolvemos nuestros conflictos, el tiempo que compartimos en pareja y no solo en familia... Cuando ponemos en valor nuestra relación de pareja, transmitimos a nuestros hijos e hijas que es algo que hay que cuidar, y esto a veces no es fácil, puesto que las obligaciones del día a día hacen que apenas nos sobre tiempo para el autocuidado personal y el de la pareja. Pongamos consciencia para sacar el tiempo necesario.

Cuidemos también los roles que establecemos en casa en el **reparto de tareas**, buscando la corresponsabilidad. Que no cocine siempre papá o mamá, que no ponga la lavadora siempre la misma persona... Cuanta más variedad de tareas vean que somos capaces de hacer, más los estaremos alejando de los roles estereotipados de hombre y mujer.

A medida que van creciendo, podemos recurrir a nuestra propia historia hablando en primera persona de **nuestras experiencias**. La apertura se genera con nuestro ejemplo, y si hay algo que gusta a los niños y niñas es que les contemos historias de cuando éramos pequeñas y pequeños.

Hay experiencias que son prácticamente universales y es más fácil que nuestra vivencia pueda convertirse en un ejemplo para ellos y ellas. «¿Cómo viviste la llegada de tu menstruación? ¿Tenías algún complejo o sufrías acoso escolar por tu cuerpo? ¿Cómo fue tu primer amor? ¿Y tu primer desamor?». Porque, aunque los contextos cambien y los entornos de socialización no sean los mismos, las emociones que sentimos no han cambiado tanto.

Hacer este ejercicio de introspección para volver a nuestra propia adolescencia nos va a ayudar, además, a generar mayor empatía, identificando cómo nos sentíamos con nuestras propias familias, con nuestras amistades, con nuestras primeras relaciones afectivas. Nos estamos poniendo en su piel y, de esta manera, podremos imaginar las emociones que pueden estar sintiendo ahora, lo que va a facilitar la comunicación y la comprensión por nuestra parte.

5.2 ¿CÓMO HABLAR DE SEXUALIDAD CON NUESTROS NIÑOS, NIÑAS Y ADOLESCENTES?

Esta puede ser la duda más recurrente que nos trasladan las familias. ¿Cómo hablamos de sexualidad con nuestros hijos e hijas? ¿Cómo sacamos el tema sin que resulte forzado? Hemos hablado ya varias veces de nuestra actitud y nuestra propia vivencia de la sexualidad como claves para abordar el tema con nuestros niños, niñas y adolescentes. **Nuestra actitud**, así como las expresiones que manifestamos ante la sexualidad infantil, serán decisivas para poder abordar la educación afectivo-sexual. Cuando, por ejemplo, regañamos a un niño de 3 años por tocarse los genitales o apagamos la TV si aparece una pareja besándose, estamos dejando claro que no somos las personas adecuadas para resolver sus dudas, conflictos o dificultades relacionadas con la sexualidad, puesto que saben que es algo que no nos resulta cómodo.

Pero hay algunas claves más importantes a tener presentes como familias. Veámoslas.

¿A qué edad hemos de empezar a hablar de sexo?

Mucho antes de hablar sobre sexo, educamos la sexualidad desde nuestra vivencia, tanto desde lo que decimos como desde lo que callamos.

> No hay una edad para empezar a hablar del sexo; se trata de crear un clima en el que puedan preguntar, y nosotros respondamos a las preguntas que nos hagan.

DIVERSIDAD Y ENFOQUE POSITIVO

Lo más importante es que sepamos que no hay respuestas correctas o incorrectas. Pero hay actitudes que debemos evitar, como son el alarmismo excesivo, los castigos, los interrogatorios, ignorar sus preguntas o inventarnos las respuestas. Tengamos claro que educamos con lo que decimos y hacemos; pero también educamos con los que callamos y escondemos.

Es importante hacer referencia a que las prácticas sexuales son una forma más de darnos afecto cuando somos mayores; y que ellos y ellas también lo harán cuando llegue el momento. Lo entienden perfectamente, por lo que debemos perder el miedo a hablar de ello considerando que los estamos incitando o despertando su curiosidad. Además, a determinadas edades es posible que sepan más cosas de las que imaginamos, porque lo escuchan a otros niños y niñas más mayores, por lo que el secretismo no los protege como nos imaginamos.

APERTURA

Como ya hemos visto en el apartado anterior, más que con charlas, niñas y niños aprenden e integran su sexualidad con lo que hacemos en nuestro día a día. En función de cómo resolvamos los conflictos que se nos plantean y cómo nos comuniquemos, estaremos transmitiendo mayor o menor apertura para confiarnos sus dudas. No se trata de tener «una conversación», sino de estar abiertos con naturalidad, afecto y cercanía a ir contestando las preguntas que nos plantean.

Por tanto, la actitud que demostremos ante las primeras preguntas relacionadas con la sexualidad será fundamental, puesto que será lo que les dé la confianza para poder seguir preguntando. Si tenemos una buena aceptación, los niños y niñas seguirán compartiendo sus dudas. Si al recurrir a nosotras se encuentran con una actitud de incomodidad, bloqueo o rechazo, las preguntas no desaparecerán; se mantendrá la curiosidad y buscarán las respuestas en otros espacios o con otras personas. Si esas personas son otras personas adultas de su red de confianza, todo bien; pero si no existen otros referentes, terminarán navegando por Internet, y tendrán que lidiar con el riesgo que supone informarse a través de la pornografía.

HONESTIDAD

Recordemos la importancia de la **honestidad**. Es preferible decirles que no sabemos todo lo que nos preguntan, o que sobre determinada cuestión nos resulta difícil hablar, antes que cambiar

de tema o responder de forma despectiva. Ante nuestras limitaciones, siempre podemos decir «Pues la verdad es que no sé qué responderte a eso, déjame que piense en ello», o podemos acompañar a los niños y a las niñas a otra fuente de información adaptada a su edad (un cuento en infantil o navegar por Internet por páginas seguras si ya son adolescentes). De esta manera, les hacemos saber que nos interesan sus preguntas y que nosotras también aprendemos con ellas y ellos.

NOMBRAR EL CUERPO

Los niños y las niñas necesitan tener palabras para **nombrar todas las partes de su cuerpo** desde la primera infancia para, así, reconocerlo, aceptarlo y valorarlo. Identificar los genitales con sus nombres reales (pene, testículos, vulva, clítoris...) permite tratarlos como cualquier otra parte del cuerpo, sin connotaciones negativas ni ocultismo. Es muy común que empleemos términos más cercanos y cariñosos para los genitales de niños y niñas, como «colita, pilila, cuca, chichi o concha», y no hay nada malo en ello; pero tenemos que pensar que son palabras que solo sirven para el mundo infantil y, cuando crezcan, necesitarán conocer el nombre real de esa parte de su cuerpo igual que el resto, si no queremos que pasen de nombrarlas con etiquetas infantiles a etiquetas soeces y malsonantes. Lo que siempre debemos evitar es el uso de un lenguaje vulgar, agresivo o sexista; llamemos a cada cosa por su nombre.

SENCILLEZ Y EJEMPLOS DE SU PROPIA VIDA COTIDIANA

Tampoco tenemos que ponernos excesivamente técnicos; podemos usar expresiones populares o metáforas sencillas. Por ejemplo, podemos convertir el clásico «Papá puso una semillita en mamá», que se suele explicar en la primera infancia, en una explicación un poco más elaborada, como, por ejemplo: «Cuando dos personas se quieren y se desean mucho hacen el amor, y cuando esto ocurre una semillita de papá llamada espermatozoide entra en el cuerpo de mamá para juntarse con otra semillita que ella tiene que se llama óvulo. Cuando las dos semillas se juntan se forma el embrión que se irá convirtiendo en un bebé a medida que crece en la tripa de mamá». Seguimos con la metáfora de las semillas si nos parece apropiada, pero añadiendo términos reales y dándole importancia a la afectividad, puesto que la concepción no es un acto mecánico.

PARTIR DE LO QUE YA SABEN

Ante sus dudas, podemos comenzar preguntando **qué es lo que saben previamente** para moldear la respuesta desde ahí, adaptándonos a la edad y capacidad de comprensión del niño o la niña. No es lo mismo explicar qué es hacer el amor a un niño o niña de 9 años, como acabamos de explicar en el párrafo anterior, que a un adolescente de 14 años. En el primer caso, podremos centrarnos en la parte afectiva y de placer compartido (en general) entre dos personas que se quieren. En el otro caso, tendremos que profundizar en la parte más biológica, el consentimiento, la corresponsabilidad y los métodos anticonceptivos, con un lenguaje adaptado pero adulto, nada de metáforas infantiles.

Y si hablamos de reproducción, también debemos incluir otras formas de concepción, como la reproducción asistida o la donación de gametos, ya que muchos niños y niñas en la actualidad han sido concebidos de esta manera y no tenemos que esconderlo como si fuese algo de lo que avergonzarnos. También es importante hablar de las diferentes formas de parto, natural o por cesárea. Y, por supuesto, hablar de otras formas de formar familias, como son el acogimiento o la adopción. Abordar el tema con naturalidad desde la primera infancia hace que niñas y niños lo vayan integrando con normalidad y, a medida que vayan creciendo, podrán ir planteando nuevas preguntas que puedan surgir en torno a su llegada al mundo. Para ello, hay muchos cuentos en los que nos podemos apoyar, en función de la edad.

CONFIANZA E INTIMIDAD

Es necesario que exista un **clima de confianza**, un lugar, un momento y una persona con la que se sientan cómodos para abrirse y empezar a compartir sus inquietudes, por lo que debemos darles la seguridad de que nos lo estamos tomando en serio y no vamos a ridiculizar sus preguntas por muy ingenuas que nos parezcan. Así que mucho cuidado con convertir después sus confesiones en anécdotas para contar en familia. Necesitan sentir que **respetamos su intimidad**, y que no vamos a utilizar lo que nos cuenten para ridiculizarlos, controlarlos o amenazarlos. Todo el mundo necesita tener su propio espacio y sus secretos, ya que eso forma parte de su vida privada.

Tomárnoslo en serio significa también no quitarle importancia a sus preocupaciones, cuando tienen un conflicto con una amiga o un amigo por algo que nos puede parecer una tontería pero que para ellos o ellas es todo un mundo. No debemos restar valor a sus emociones, ya que, lejos de ayudarlos a relajarse, lo que transmitimos es incomprensión. En estos casos, es más importante escuchar antes que dar consejos, y si damos nuestra opinión, que sea siempre con respeto, sin aspavientos ni frases tipo «¿Y por esa tontería estás tan preocupado?».

Debemos dejar que los niños y niñas pregunten a su ritmo, algunos y algunas son muy curiosos y tienen facilidad para comunicar todo aquello en lo que están pensando, pero otros niños y niñas son más reservados. En ocasiones, no se atreven a preguntar porque las personas adultas no hablamos tampoco del tema, y se convierte en un círculo vicioso de secretismo.

TOMAR LA INICIATIVA SI ES NECESARIO

Si no nos hacen preguntas, podemos tomar la iniciativa y sacar el tema que queramos abordar siempre de forma natural y aprovechando las oportunidades que nos da el día a día. Por ejemplo, cuando están en la etapa de infantil, podemos hablar de concepción cuando tenemos a una amiga embarazada, o incluso cuando vemos a alguna mujer embarazada por la calle. Podemos hablar de nuestro cuerpo y nombrar todas sus partes cuando nos ven desnudos o desnudas en la ducha o cuando los estamos ayudando a ducharse.

VOLVER SOBRE LAS MISMAS PREGUNTAS COMO SI FUERA UNA ESPIRAL

Es importante saber que, cuando son más pequeños y contestamos a una pregunta relacionada con la concepción o las relaciones sexuales, esta no está contestada para siempre.

Con frecuencia, vuelve a surgir la misma inquietud una y otra vez. Esto ocurre porque necesitan confirmar la veracidad de nuestra versión, porque les gusta escuchar la respuesta, porque necesitan escucharla varias veces para asimilarla dentro de su interpretación de la realidad, contrastándola con otras historias que han oído en clase, y otras veces será porque aparecen nuevos matices que les interesan. Por tanto, nuestras explicaciones pueden ir ampliándose a medida que van creciendo, cada vez un poco más lejos y un poco más profundo.

CONTAR NUESTRA VIVENCIA

Como ya hemos mencionado, podemos hablar sobre **nuestras propias experiencias** en la infancia o adolescencia. No hay que contar nada que no se quiera, simplemente abrir la puerta para que niños y niñas se atrevan también a hablar y a expresarse al ver que es un tema que se habla con naturalidad; sobre todo cuando no hay preguntas concretas ni manifestación explícita de curiosidad. Partir de nuestra propia sexualidad, dar a conocer partes de nuestra intimidad, genera mucha cercanía y fomenta la vinculación.

Podemos hablar sobre nuestro primer amor aprovechando el visionado de una película romántica, o explicarles cómo nos sentimos en una ruptura amorosa cuando nos cuentan que una pareja de amigos o amigas se ha separado. El hecho de que sean capaces de ver que no siempre fuimos personas adultas y que pudimos pasar por sus propios miedos e inseguridades es fundamental.

LÍMITES PROTECTORES

Una medida importante que niños y niñas necesitan es aquella que les permite **distinguir intimidad de prohibición** (Hernández, G y Jaramillo, G.; 2003). Deben aprender a vivir su propia intimidad y a respetar la intimidad ajena para vivir una sexualidad sana, y para ello debemos poner límites y perder el miedo a decir que no. De este modo, entenderán que cuando se les aconseja no tocar sus genitales delante de otras personas no implica que sea algo malo, sucio o prohibido, no estamos censurando su libre expresión, simplemente es una práctica íntima, igual que cuando hacen sus necesidades en el baño.

Eso supone entender, como personas adultas, que permitir que niños y niñas se expresen con libertad no significa que puedan hacer cualquier cosa sin importar el sitio o las personas con las que están. Para vivir y desarrollar la propia libertad, es necesario tener un gran sentido de la responsabilidad y debemos enseñarles los **límites propios**, así como los **códigos de conducta** socialmente aceptados. Los límites son protectores y ayudan a desarrollar confianza.

Veámoslo con un ejemplo: Todos y todas sabemos que podemos mostrar nuestro cuerpo desnudo en una playa nudista, pero no en la cafetería o en el parque que está justo enfrente. Esta idea puede resultar difícil de comprender para un niño o niña de 2 años que quiere cruzar de la playa al parque para seguir jugando. ¿Por qué podemos mostrarnos desnudos en unos espacios y en otros no?

Además, enseñarles a **poner límites a los demás** es un acto de amor propio que contribuye a reafirmar su autoestima y a sentirse más seguros consigo mismos.

Son **límites protectores básicos** en el desarrollo afectivo sexual:

- Expresar lo que viven internamente. Expresar lo que les gusta, pero también lo que los incomoda o les da asco.

- No dar besos para saludar o despedirse si no lo desean. El contacto físico no debe imponerse.

- No compartir su intimidad con personas desconocidas con las que no se haya establecido una base de confianza, puesto que no sabemos el uso que pueden hacer de esa información. Debemos ayudarlos a identificar quiénes son esas personas.

- Preservar su intimidad también con las personas conocidas y queridas. Tener una relación afectiva con una persona no significa no tener secretos ni tener que compartirlo todo. Amistades o parejas que los obligan a compartir la contraseña del móvil, ver las conversaciones con otras personas o a tener acceso a sus redes sociales son relaciones dañinas.

- Preservar sus espacios de intimidad. A partir de los 7 u 8 años, las tareas de higiene (ducha, ir al baño, etc.) han de realizarlas en privado y no permitir que otras personas entren mientras las están realizando.

- No mostrar su cuerpo desnudo en público (lo que incluye Internet). Las familias tampoco deben mostrar fotos de sus niños, niñas y adolescentes desnudos en sus redes sociales.

- No masturbarse en público.

- No tener relaciones sexuales y genitales en estado de embriaguez o inconsciencia.

- Pedir ayuda ante cualquier forma de violencia, aunque venga de una persona querida.

> ¿A qué edad es recomendable dejar de ducharnos o bañarnos con nuestros hijos e hijas?
>
> Sobre los 7 u 8 años, en la entrada en la pubertad. La genitalidad no debe venir asociada a las figuras parentales.

¿Y EN LA ADOLESCENCIA?

Uno de los errores que cometemos como familias es considerar que si hablamos de educación sexual antes de que haya surgido una inquietud concreta los estamos incitando a practicarla. Si hacemos eso, terminamos ignorando todo lo que tiene que ver con la sexualidad en las etapas de infantil y primaria, y nos reservamos para hablar de ello una vez llegada la pubertad. Como ya hemos visto en el apartado anterior, esto tiene mucho que ver con la escasa educación sexual que hemos recibido.

Si esto es lo que nos ha ocurrido, y **nuestro hijo o hija es ahora adolescente**, no podemos centrar la conversación en una charla forzada para que nos revelen si están teniendo ya relaciones sexuales, o cuál es su orientación sexual.

Para comenzar, es importante **conocerlos bien**, saber cómo piensan y cómo sienten en otras esferas de su vida. Interesarnos por sus amistades, sus aficiones, sus rutinas diarias, sus valores, las cosas que les ilusionan y las que les dan miedo.

Para ello, necesitamos compartir tiempo de calidad y conversar sobre muchos temas, necesitamos estar presentes en su vida para seguir siendo referentes en los que confiar.

Escuchemos siempre, pero hablemos cuando podamos. Debemos tener cuidado de que todas nuestras conversaciones no se basen en controlar lo que hacen y con quién, aunque nos nazca hacerlo desde la preocupación. De ser así, terminamos pareciendo el poli malo que quiere fiscalizar sus vidas, más que interesarnos por ellos o ellas.

Es normal que en la adolescencia nos cuenten menos cosas que antes, puesto que quieren preservar más su intimidad, por lo que cuando les preguntamos «¿Qué tal te ha ido en clase?» nos pueden responder con un escueto «Bien». Si en lugar de enfadarnos por sus pocas palabras o dar la conversación por zanjada comenzamos a hablar de cómo nos ha ido el día en el trabajo a nosotros, estaremos favoreciendo la comunicación y puede que se animen a contarnos un poco más.

Debemos tener cuidado también con **no dar por hecho algunas cosas**, como, por ejemplo, su heterosexualidad, ya que no es la única orientación posible y tener pareja no siempre es una meta, así que debemos evitar las típicas preguntas de «¿Ya tienes novia o novio?». Sin darnos cuenta, podemos estar generando mucho malestar, puesto que pueden interiorizar que esas son nuestras expectativas y que, como hijos o hijas, no las están cumpliendo.

Otro de los aspectos que no debemos dar por hecho es asociar la llegada a la adolescencia con el inicio de las prácticas sexuales. Como ya hemos visto en el apartado de diversidad afectivo sexual, hay personas que no sienten el deseo ni la atracción erótica hacia otras personas: las personas asexuales. Pero también encontramos diferentes ritmos individuales, y puede que algunos chicos y chicas con 15 años no hayan tenido ese despertar del deseo y lleguen a pensar que hay algo que no va bien en ellas o ellos. Dar por hecho la práctica sexual compartida puede interpretarse como una exigencia o mandato social que, cuando no se cumple, les puede generar mucha inseguridad.

5.3 ¿CÓMO ACTUAR ANTE LA SOSPECHA O REVELACIÓN DE VIOLENCIAS SEXUALES?

Llegados a este punto, es fundamental que hayamos integrado la importancia de una comunicación afectivo sexual sana y fluida con nuestros niños, niñas y adolescentes, puesto que será la base que nos permitirá convertirnos en personas referentes a las que acudir si se ven inmersos en algún tipo de violencia sexual, de forma presencial o a través de Internet.

Para ello, y sin caer en actitudes alarmistas, necesitamos poder hablar con nuestros niños, niñas y adolescentes de las violencias sexuales. Debemos contarles que es posible que vivan situaciones parecidas, que puede pasarle a cualquier niño, niña o adolescente, que no hace falta hacer nada raro ni extraño ni malo para que suceda, porque las únicas personas culpables de esas violencias son las personas que las ejercen. Esas personas son las que buscarán la forma de acercarse, de engañarlos y manipularlos. En ese sentido, podemos decirles, por ejemplo, que «Hay personas que hacen daño y, para que no las descubran, amenazan a los niños y niñas para que les guarden el secreto». Debemos explicarles la diferencia entre secretos buenos y secretos malos que desarrollamos en el capítulo cuatro, recalcando que los buenos secretos se guardan y los malos, sean concernientes a ellos mismos o a otras personas, han de contarse.

No olvidemos que la protección se basa en dos claves que hemos trabajado a lo largo del libro. La primera, la conexión interna con sus sensaciones corporales y con sus emociones; en especial, la emoción del asco será un indicador corporal de gran valor. También hemos venido señalando la importancia de respetar la intimidad y enseñar a los niños y niñas que sus zonas genitales no se tocan, ni se muestran en público (no se fotografían, ni se graban, ni se envían por Internet) y tampoco puede tocarlas nadie. Tenemos distintos materiales pedagógicos que nos facilitan el abordaje de este tema, como *La regla de Kiko* (2011) o *Estela grita muy fuerte* (2008), pero también podemos aprovechar los momentos de baño para ir inculcándoles la importancia de la intimidad, respetándola en nuestras familias.

La segunda clave de la protección es tener una red afectiva protectora, personas a las que recurrir y en las que apoyarse. Una red de relaciones afectivas sanas que les hacen fuertes ante las dificultades, porque rompen el aislamiento, les sostiene emocionalmente y les ayuda a darse cuenta de los riesgos que pueden estar corriendo. La mayor riqueza que podemos brindar a nuestros niños, niñas y adolescentes, además de nuestra propia crianza consciente, es un grupo de buenos amigos. Es muy probable que sean sus amigos a quienes recurran en primer lugar en una situación de peligro.

Pero hemos de tener presente que si nuestros niños, niñas y adolescentes están viviendo violencias sexuales estarán aterrorizados. Tendrán miedo y será difícil que hablen. Pero que no lo cuenten no significa que no lo manifiesten en su conducta o en su forma de actuar. Por eso nuestra mirada como familias es clave de cara a la detección de las violencias sexuales. Tenemos que estar atentos a tres fuentes de información:

- La **observación** de cambios conductuales o del estado de ánimo en el niño, niña o adolescente. Veremos que cambian de forma abrupta, de un día para otro. Sabremos que algo ha sucedido, aunque no sepamos bien qué es. Estaríamos

observando las consecuencias de las violencias sexuales que están viviendo, sin que exista una revelación explícita ni petición de ayuda. En esos cambios a observar también incluiríamos el contenido del juego de nuestros niños y niñas. Si de repente en sus juegos se reproducen escenas de contenido erótico o genital que no se corresponden con la etapa de desarrollo en la que el niño o niña se encuentra, y no sabemos cómo ha podido aprender eso que está reproduciendo, debemos preguntarle dónde lo aprendió.

- A partir de la **revelación de terceras personas** que han observado la conducta abusiva o a quienes este niño, niña o adolescente les ha confesado lo que está viviendo, sin atreverse a pedirnos ayuda a nosotros, aunque seamos sus familias. A veces contarlo a quien está más cerca es más difícil y empiezan por contarlo a sus amigos y amigas o a educadores cercanos.

- A partir de la **revelación propia**, que puede ser una revelación voluntaria, cuando el niño, niña o adolescente relata la situación o pide ayuda de forma directa; o una revelación inconsciente, cuando el niño, niña o adolescente cuenta lo que le ha ocurrido sin darse cuenta de lo grave que es la situación que relata. Puede ser algo tan sencillo como: «No me gusta el juego de las cosquillas que me hace el abuelo» o «No te puedo contar el juego de la ducha porque es un secreto».

Llegado el caso, ¿cómo actuamos? Es importante que sepamos que es responsabilidad de toda persona adulta **atender al niño, niña o adolescente y comunicarlo a las autoridades competentes**, tal y como recoge la Ley Orgánica 8/2021, de 4 de junio, de protección integral a la infancia y la adolescencia frente a la violencia. Es decir, si tenemos conocimiento de un caso de violencia sexual, sea hacia nuestros niños, niñas y adolescentes o hacia otros con los que convivimos en algún entorno, estamos obligados a comunicarlo. En el caso de que seamos, además, profesionales con responsabilidad en alguno de los entornos donde vivan esos niños, niñas y adolescentes (personal de educación, sanidad, servicios sociales o entidades de ocio y tiempo libre, entre otros) tenemos lo que la ley llama el deber de información cualificado.

Sin embargo, no somos las familias las que debemos averiguar lo que ha ocurrido, conocer los detalles, ni poner en tela de juicio la veracidad de los hechos. El diagnóstico y, en general, todo el proceso de intervención debe ser realizado por especialistas con formación específica en violencia sexual. Nuestra obligación consiste en comunicar lo que sabemos, lo que hemos visto o lo que nos han revelado. Y en el caso de nuestros niños, niñas y adolescentes, debemos buscar ayuda especializada para ellos y ellas y acompañarlos y sostenerlos emocionalmente. Nada más y nada menos.

Así mismo, estas situaciones nos violentan enormemente, nos generan mucho dolor y es probable que solo con leer este capítulo tengamos miedo a nuestra propia reacción en el caso de tener que escuchar un testimonio de estas características. Por ello, queremos compartir brevemente algunas claves que nos puedan ayudar a hacerlo lo mejor posible, con dos objetivos esenciales: por un lado, el bienestar del niño, niña o adolescente que recurre a nosotras como persona de confianza; por otro, no contaminar el proceso de investigación que puede darse después. Para ello, nos hemos basado en las recomendaciones recogidas en la guía *Ver para proteger* (Romeo y Horno, 2022) publicada por UNICEF, a la cual remitimos a cualquier persona que desee profundizar en este tema.

La primera clave es que no nos corresponde a las familias interrogar al niño, niña o adolescente. Así que la clave es escuchar lo que nuestros niños, niñas y adolescentes quieran contarnos.

Escucharlos y dejarles claro desde el primer momento que les creemos. Los creemos cuando decimos: «¡Qué valiente has sido al contármelo!» o «¡Cuánto miedo has debido pasar!». En cambio, cuando les decimos cosas como: «¿Por qué no me lo dijiste antes?» o «¿En serio, es verdad?» o «¡Es imposible!» lo que estamos sembrando es la idea de que no los creemos y los estamos culpabilizando de no haber dado el paso antes. Lo han hecho cuando han podido, y lo fundamental es acogerlos y sostenerlos emocionalmente. Agradecerles el paso que han dado es la mejor primera respuesta a una revelación de cualquier forma de violencia. Digamos sencillamente: «Gracias por habérmelo contado».

Recordemos que nuestro objetivo fundamental cuando empecemos a hablar es que se sientan sostenidos y creídos. Debemos dar siempre credibilidad al testimonio del niño, niña o adolescente, y lograr que se sienta creído. La manipulación fundamental de quienes agreden sexualmente es amenazar con que nadie va a creerles, así que hay que dejarles claro desde el principio que se toma en serio lo que cuentan. Al mismo tiempo, **hemos de dejar claro que no son culpables de lo que les ha pasado**, redirigiendo la responsabilidad hacia la persona que ejerce la conducta abusiva y evitar las expresiones culpabilizadoras del tipo: «¿Por qué no hiciste nada?» o «¿Cómo no te fuiste corriendo?», puesto que una de las emociones que ha hecho que guarde silencio durante todo el tiempo que ha durado la situación de abuso ha sido la culpa, junto con la vergüenza.

Y eso nos lleva a la siguiente clave, **mantener la calma**; aunque nos parezca imposible, es importante. El niño, niña o adolescente puede derrumbarse emocionalmente al revelar una situación de violencia sexual y necesita que la persona adulta de confianza mantenga la serenidad. Si sobre reaccionamos —reacción que es muy comprensible—, trasmitimos una angustia o un dolor insoportable podemos generar más sentimiento de culpa en el niño o niña que nos revela la situación, generando así una inversión de roles donde sea él o ella quien termine consolándonos, o llegando incluso a retractarse de lo que dicho diciendo que «Era una broma», al ver el impacto que provoca en sus seres queridos. Además, damos la impresión de que no podemos sostenerlo, de que nos supera lo que está pasando, y eso los lleva a la soledad de nuevo. Eso no significa que tengamos que convertirnos en un témpano de hielo o mostrarnos impasibles; podemos mostrar nuestras emociones de rabia, tristeza o frustración... pero sin que estas emociones se apoderen de nosotras ni de nuestro discurso. Nuestro dolor no es el protagonista en un momento de revelación.

Por último, como familias, debemos trasmitir la sensación clara de que **nos hacemos cargo de la situación**, y que no nos quedamos paralizadas. De este modo, le ofreceremos una salida realista a la situación. Podemos contarle los primeros pasos que vamos a dar; debemos explicarle que hemos de comunicárselo a alguien más porque, como familias, debemos buscar una ayuda especializada, no podemos pensar que vamos a poder afrontar esto solos. Tenemos que ver si son necesarias medidas para garantizar la seguridad del niño, niña o adolescente, y por eso no se podrá mantener en secreto. Eso sí, hay que evitar frases como «Esto se va a arreglar» o «Todo va a salir bien», porque están fuera de nuestro control real como familia. Y en esos momentos, más que nunca, nuestros niños, niñas y adolescentes necesitan poder fiarse de nosotros. Las familias, como figuras vinculares y de seguridad, necesitamos ser fiables y sólidas, y si prometemos cosas que sabemos que no podemos cumplir, les creamos una sensación de mayor vulnerabilidad. Los compromisos tienen que ser claros y realistas, señalando los pasos que se van a dar a partir de ahora para que vea que no nos vamos a quedar de brazos cruzados y que vamos a hacer lo que esté en nuestra mano.

Le escucharemos, le sostendremos, mantendremos la calma y buscaremos ayuda. Le seguiremos observando los siguientes días. Correremos el riesgo de volvernos especialmente sobreprotectores, al tratar de controlar y de evitar que vuelva a repetirse. Y seguro que lloraremos mucho. Por eso, el último paso de la reacción ante la revelación es fundamental. Y no es otro que pedir ayuda para nosotras como familias. Es necesaria la ayuda para acompañar a nuestros niños, niñas y adolescentes, para quienes han vivido la revelación directamente, y para el resto de la familia. Ayuda también para poder sostenernos en pie. Nuestro propio dolor puede bloquearnos e impedirnos actuar adecuadamente. Nadie, ni siquiera nosotras como familias, puede vivir la violencia en silencio y en soledad sin salir dañado.

5.4 ALGUNAS DUDAS FRECUENTES DE LAS FAMILIAS

¿Tenemos que esperar a que nos pregunten por la sexualidad, o es mejor hablar de ella antes de que muestren interés?

Ya hemos dado respuesta a esta pregunta en el apartado anterior. No es necesario esperar a que tengan una gran madurez para hablar sobre sexualidad. Ocurre más bien al contrario; es mejor proponer determinados temas de conversación, ya que eso hace que maduren. Dar información sexual no es adelantarse a los acontecimientos ni estimular una sexualidad que no sea acorde a su edad. Muy al contrario, hace que chicos y chicas sean más responsables en sus relaciones posteriores. Si nos resulta difícil hacerlo, siempre podemos buscar a otras personas que sí lo puedan hacer de forma adecuada.

Hablar de sexualidad de forma espontánea, antes de que surjan las preguntas, hace que sean menos susceptibles de caer en mitos o falsas creencias sobre la sexualidad, y alimenta el pensamiento crítico.

¿Y si nos estamos anticipando y estamos contando más de la cuenta?

Algunos temas adquieren mayor relevancia en determinadas etapas, pero debemos perder el miedo a contar más de la cuenta, puesto que lo único que puede ocurrir es que no integren el mensaje, que no lo comprendan del todo bien y lo terminen olvidando.

Como ya hemos señalado, lo que va a permanecer en su memoria es fundamentalmente nuestra actitud, nuestra predisposición a la comunicación, el tomarnos en serio sus dudas y el ser una fuente segura de información.

¿Y si no quieren hablar del tema?

Tampoco se trata de obligar a nuestras hijas e hijos a hablar sobre temas concretos, sino de generar espacios aprovechando momentos de la vida cotidiana: algo que nos cuentan del cole, su serie preferida, los juegos, los cuentos que leemos en familia, etc.

Aunque hayamos abordado el tema con naturalidad desde la infancia, a veces llegan a la adolescencia y se vuelven más herméticos con estos temas, lo que tiene mucho que ver con la necesidad de preservar su intimidad y distanciarse de sus figuras parentales para alcanzar una mayor autonomía a la hora de tomar sus propias decisiones.

A veces las familias queremos saberlo todo y pensamos que esa es una forma de protegerlos y evitar que tomen decisiones equivocadas. Sin embargo, deberemos mostrar respeto a su intimidad, al tiempo que mostramos disponibilidad para hablar cuando lo deseen o lo necesiten.

¿Le explicamos lo mismo a los niños que a las niñas?

A medida que niños y niñas van creciendo, y debido a la socialización de género, podrán mostrar intereses y curiosidades diferentes adaptados a su realidad. Por ejemplo, a partir de los estereotipos de género es posible que las niñas muestren mayor interés por la parte más afectiva, mientras que los niños se interesen más por la parte más práctica de la sexualidad.

Sin embargo, como familias que queremos educar en igualdad, debemos compensar estas desigualdades elaborando un discurso amplio e inclusivo sobre todo lo que implica el desarrollo sexual. Y recordar que responderemos preguntas de nuestros niños, niñas y adolescentes como personas diversas y diferentes. No se trata solo de si son chicos o chicas sino de responder a sus vivencias individuales.

Siempre debemos responder a sus dudas con honestidad, como ya hemos señalado, pero siempre podremos aprovechar para incluir un poco más de información que desde nuestro punto de vista es importante que tengan en cuenta. Por ejemplo, cuando preparamos a las niñas para la llegada de la menstruación, podemos explicarles también que los chicos tendrán la llegada de la eyaculación, que, aunque tiene connotaciones diferentes, a ellos también los prepara para la reproducción, lo que nos invita a hacer referencia a la corresponsabilidad que esto supone.

O cuando los chicos muestran interés por prácticas sexuales concretas, podemos aprovechar para explicarles la importancia de la confianza y del afecto para que esos primeros encuentros sexuales sean satisfactorios para todos y todas.

¿Qué podemos hacer si la escuela de nuestros hijos o hijas no está dando el enfoque de educación sexual que nosotros queremos transmitir en casa?

Es importante que familia y escuela vayan de la mano en el abordaje de la educación afectivo sexual de nuestros hijos e hijas.

Sin embargo, al tratarse de un tema que genera controversia a día de hoy, muchas escuelas optan por mantenerse al margen y no profundizar en ello de forma explícita. Aunque, como hemos visto, educamos con todo nuestro ser, por lo que siempre estamos transmitiendo un mensaje, para bien o para mal.

A veces, puede tratarse de la actitud de un profesor o profesora en concreto, lo que podemos contrarrestar haciendo ver a nuestros hijos e hijas que hay personas con opiniones distintas que viven su sexualidad de otra manera, resaltando que en casa sí podemos hablar del tema con libertad. Posiblemente el curso siguiente tendrá otros profesores como referentes.

Pero en otras ocasiones puede tratarse de un posicionamiento ideológico del marco educativo de la escuela. En el caso de que la escuela de nuestros hijos o hijas transmita un enfoque negativo de la sexualidad o muestre prejuicios contra la libertad afectivo sexual, la diversidad o la igualdad, tendremos que plantearnos si es el tipo de educación que queremos darles.

¿Qué hago si encuentro a mi hijo o hija explorando sus genitales junto a otro niño o niña?

Debemos recordar que, generalmente, este tipo de juegos no deben ser entendidos desde los significados que tienen para las personas adultas, ya que son juegos de exploración motivados por la curiosidad, por lo que este tipo de interacciones no son problemáticas en sí mismas. Sin embargo, hay que valorar el contexto en el que se producen y lo que representa el juego en sí mismo.

Un acercamiento curioso, donde se observan y palpan sus genitales con inocencia es una exploración adaptada a la etapa de infantil. Como ya hemos señalado, aprovecharemos para enseñarles a nombrar todas las partes de su cuerpo, identificar las sensaciones agradables y desagradables, y les enseñaremos también a respetar la intimidad, los límites del propio cuerpo y el respeto a los cuerpos ajenos. Todo ello desde una comunicación tranquila, sin caer en alarmismos.

En los juegos de exploración no deben darse asimetrías en la edad o nivel de desarrollo, ya que, en esos casos, uno de los participantes puede estar aprovechándose de la inocencia del resto para satisfacer sus propias necesidades, sin que todos y todas estén interpretando el juego de la misma manera. La exploración suele darse de forma espontánea entre niños y niñas de la misma edad, o similares.

Debemos transmitir una actitud positiva y calmada, pero al mismo tiempo tendremos que supervisar si se reproducen comportamientos sexuales propios de personas adultas, si los juegos con contenido sexual se repiten de forma obsesiva, o si reproducen comportamientos sexistas o violentos. Si esto ocurre, tenemos que considerar que al menos un niño o niña participante en ese juego ha estado expuesto a contenido sexual no apropiado a su edad, ya sea en persona o a través de Internet, y en ambos casos se considera violencia sexual.

¿Y si sorprendemos a nuestro hijo o hija masturbándose?

Los significados de esta práctica autoexploratoria van cambiando con la edad, al tiempo que cambian sus cuerpos. En la etapa de infantil son prácticas exploratorias; más tarde pueden ser prácticas intencionadas de búsqueda de goce, placer y deseo.

No es lo mismo que les sorprendamos con 4 años que con 14. En el primer caso, podemos sorprenderles tocándose los genitales en un espacio público, de forma espontánea, pero en el segundo caso lo más probable sea que los hayamos sorprendido por invadir su espacio privado.

Por tanto, si son pequeñas o pequeños, debemos destacar que esa es una práctica privada que se hace en la intimidad, y que es importante que no se hagan daño y cuiden su higiene; si van a acariciarse deben hacerlo con las manos limpias. También podemos aprovechar para decirles que eso es algo que nadie más puede hacer en su cuerpo, que solo pueden tocarse ellos o ellas, de la misma manera que ellos y ellas no pueden tocar los genitales de otras personas.

Si ya son más mayores y los hemos descubierto al entrar en su cuarto, deberíamos pedirles perdón por entrar sin llamar antes a la puerta. No nos alarmemos, no los regañemos ni castiguemos si «los hemos pillado»; reconozcamos que el fallo ha sido nuestro.

Si es un comportamiento que nos preocupa, porque nos parece muy obsesivo o vemos que están dejando de hacer cosas que antes hacían, hablemos de ello desde la calma para que lleguen a integrar nuestro mensaje y comprendan nuestra preocupación y nuestro punto de vista.

¿Qué hacer ante un niño pequeño que se está autoexplorando?
Decirle que es algo bonito pero que se hace solo con uno mismo y en intimidad.

¿Qué hacer ante un adolescente al que encontramos masturbándose?
Disculparnos por haber entrado sin avisar.

¿Y si nos pillan en la cama teniendo relaciones genitales?

Cuando los niños y las niñas son pequeños pueden interpretar los sonidos, gestos y posturas en la cama como si las personas adultas se estuviesen peleando, y esto les puede dar miedo y pueden ponerse a llorar.

Para prevenir este tipo de situaciones, es importante que nos acostumbremos a llamar a la puerta antes de entrar a la habitación, haciéndolo nosotras y nosotros, y enseñándoselo a ellas y ellos también. Lo integrarán como una rutina de casa que nos ayuda a mantener la privacidad.

Si a pesar de las medidas de precaución alguna vez nos descubren en la habitación teniendo relaciones, y todavía son pequeñas o pequeños, podemos explicarles con calma que son «juegos sexuales», que es algo a lo que juegan las personas mayores cuando se quieren mucho, y que nada tiene que ver con pegarse o hacerse daño.

¿Y si sorprendemos a nuestro hijo o hija viendo porno?

Como ya hemos ido señalando en capítulos anteriores, las investigaciones nos alertan del elevado consumo de pornografía a través de Internet en la población adolescente. Esta «nueva pornografía» es accesible, ilimitada tanto en cantidad como en contenidos, anónima e interactiva (Santacruz, 2020).

Si se da esta situación, promovamos el pensamiento crítico sobre los contenidos. Es importante transmitirles la idea de que la pornografía es ficción (aunque no lo parezca) y no se parece en nada a la vida real, igual que ocurre con las películas de acción, donde nadie piensa en resolver sus conflictos como aparece en la gran pantalla. Pero, además, podemos aprovechar para inculcarles un pensamiento crítico al respecto, analizando cómo la industria pornográfica perpetúa la violencia hacia las mujeres, utiliza la racialidad como fetiche, excluye la diversidad de cuerpos, reduce las relaciones sexuales a la genitalidad y minimiza factores de protección como el uso de preservativos. Además, se ha visto que el consumo excesivo de pornografía determina el imaginario erótico de los y las adolescentes haciendo que, después, disminuya su capacidad de excitación y goce en relaciones sexuales reales con chicas y chicos de su edad.

Es el momento de facilitarles fuentes fiables de información; series y películas que hablen del tema nos pueden ayudar a iniciar la comunicación de forma externalizada. No hablamos de sus relaciones sexuales, ni les advertimos sobre los peligros de la pornografía, sino que damos nuestra opinión a partir de las relaciones que mantienen los y las protagonistas de la película que estamos viendo.

5.5 UN PEQUEÑO DICCIONARIO DE REFERENCIA

AFECTIVIDAD: Conjunto de todos los fenómenos afectivos manifestados a través de emociones y sentimientos.

ASEXUAL: Persona que no siente atracción sexual hacia otras personas, aunque sí puede sentir atracción emocional y romántica.

BIFOBIA: Bifobia es una variación de la palabra homofobia, la cual alude a expresiones de desprecio, rechazo y odio hacia personas o prácticas bisexuales. Una de las manifestaciones de la bifobia es considerar que la bisexualidad realmente no existe. La bifobia la pueden manifestar personas heterosexuales y homosexuales. Estas actitudes negativas, prejuiciosas y discriminatorias son un delito (*ver homofobia).

BISEXUAL: Persona cuya atracción romántica y/o sexual se orienta hacia más de un género, no necesariamente al mismo tiempo ni con la misma intensidad.

CISGÉNERO (a veces cisexual o abreviado como cis): Persona cuya identidad de género y sexo asignado al nacer son el mismo.

DEMISEXUAL: Persona que no experimenta atracción sexual primaria (basada en la vista, el olfato u otra información disponible al instante), pero sí experimentan atracción sexual secundaria (después de saber más sobre la persona y haber establecido un vínculo).

EMOCIÓN: Estado afectivo caracterizado por tener una gran intensidad y corta duración.

EROTISMO: Amor apasionado unido con el deseo sexual, sentimiento que fue personificado por el dios Eros. Se refiere en general a una «cualidad de ciertos hechos y situaciones que estimulan la sensualidad» o a aquello que «excita el placer sexual».

ESTEREOTIPOS DE GÉNERO: Imágenes mentales simplifcadas y fijas de lo que una sociedad, en un momento histórico, entiende sobre la masculinidad y la feminidad.

EXPRESIÓN DE GÉNERO: Expresión de la personalidad a través de la apariencia, comportamiento, gestualidad, indumentaria, peinado, etc. que, en base a los estereotipos de género establecidos, se puede dividir entre masculina, femenina o andrógina.

GAY: Hombre cuya atracción romántica y/o sexual se orienta hacia otros hombres.

GÉNERO: El género es una construcción social, que establece los parámetros de lo que deben ser, hacer y parecer un hombre y una mujer, definiéndolos como masculino y como femenino.

GORDOFOBIA: Odio y rechazo a las personas gordas, especialmente si son mujeres, por no encajar en el modelo de belleza hegemónico. Termino creado para reivindicar el rechazo que sufren las personas gordas desde el activismo, acuñado a raíz del libro *Stop Gordofobia*, de Marta Piñeyro.

GROOMING: Una forma de violencia sexual en la que un adulto, a menudo haciéndose pasar por una persona menor de edad a través de un perfil falso en juegos online o chats de redes sociales, entra en contacto con un niño, niña o adolescente y establece una relación de confianza para posteriormente pedirle un encuentro o el envío de fotos o videos con contenido erótico. El Código Penal lo establece como uno de los delitos contra la libertad sexual. Una vez recibido el material, el agresor o agresora, puede amenazar con su difusión si su víctima no lleva a cabo otras prácticas sexuales. También puede enviar el material a páginas o grupos de personas que lo utilizarán como «pornografía infantil», que es otra forma de explotación sexual de un menor.

HOMOFOBIA: Rechazo y odio irracional que se tiene hacia la homosexualidad y que conduce a la violencia y la discriminación hacia las personas que tienen dicha orientación sexual. Estas actitudes negativas, prejuiciosas y discriminatorias son un delito recogido en la Ley 11/2014, de 10 de octubre, para garantizar los derechos de lesbianas, gays, bisexuales, transgéneros e intersexuales, y para erradicar la homofobia, la bifobia y la transfobia.

IDENTIDAD DE GÉNERO: Percepción personal que un individuo tiene sobre sí mismo en cuanto a su género, que podría o no coincidir con sus características anatómicas sexuales.

IGUALDAD DE GÉNERO: La igualdad de género implica que todas las personas tengan los mismos derechos, recursos y oportunidades independientemente de su identidad de género, y que sean tratadas con el mismo respeto en todos los aspectos de la vida cotidiana: trabajo, salud, educación, etc. El principio de igualdad y de no discriminación por razón de sexo es una obligación de derecho internacional. En España, está regulada a partir de la Ley Orgánica 3/2007, de 22 de marzo, para la igualdad efectiva de mujeres y hombres.

INTERSEXUAL: Persona que nace con variaciones en algunos de sus caracteres sexuales, que no se ajustan a los estándares definidos para hombres o mujeres. Es decir, nace con variaciones en las formas genitales, en la composición de las gónadas, en los niveles hormonales o en los patrones cromosómicos.

LESBIANA: Mujer cuya atracción romántica y/o sexual se orienta hacia otras mujeres.

LGTBI: Acrónimo formado por las siglas de lesbiana, gay, trans, bisexual e intersexual, que se emplea como término paraguas para incluir a todas las identidades y orientaciones sexuales minoritarias, por lo que puedes encontrar este término ordenando sus siglas de diferente manera o incluyendo otras al final, como la Q de *queer* y +, haciendo referencia a la enorme diversidad existente.

LGTBIFOBIA: Término que nace de la necesidad de acuñar en una misma palabra todas las tendencias discriminatorias hacia el colectivo LGTBI, ampliando el concepto de homofobia.

NO BINARIO: Personas en desacuerdo con el sistema binario «hombre/mujer», y cuya identidad de género no se ajusta a ninguno de los dos extremos.

PANSEXUAL: Persona que siente atracción sexual, romántica o emocional hacia otras personas independientemente de su sexo o identidad de género. La pansexualidad es considerada por algunos como una orientación sexual independiente y, por otros, como un tipo de bisexualidad. Se diferencia de la misma porque la bisexualidad hace referencia a dos géneros (masculino y femenino), mientras que la pansexualidad quiere escapar del dualismo de género.

PLACER: Experiencia de que algo (cosa, acción, sentimiento, etc.) nos hace sentir bien, que implica el disfrute. Incluye todo tipo de experiencias positivas o agradables, como el disfrute de los deportes, ver una hermosa puesta de sol o acariciar a tu gato.

QUEER: Término anglosajón que hace referencia a personas que prefieren no identificarse en función de su sexo o género. El término busca reapropiarse y darle valor a lo raro, lo que está fuera de la norma, sin que tenga un sentido peyorativo.

ROLES DE GÉNERO: Son las funciones sociales públicas y privadas que cada sociedad, y en cada momento de la historia, asigna a cada sexo.

SENTIMIENTO: Experiencia subjetiva emocional, que puede ser provocada por una variedad de estímulos tanto internos como externos. Se produce cuando una emoción es racionalizada y se apoya en creencias o ideas.

SEXISMO: Ideología que promulga la superioridad de los hombres sobre las mujeres.

SEXO: Según la biología, el sexo es el conjunto de las peculiaridades que caracterizan los individuos de una especie dividiéndolos en masculinos y femeninos. En la sexualidad humana, el sexo biológico constituye uno de elementos de la identidad sexual, junto a la identidad de género, la expresión de género y la orientación sexual.

SEXTING: Envío de imágenes o vídeos de contenido erótico, pornográfico, sensual y provocativo a través de las TRIC. El *sexting* se practica por parte de chicos y chicas, pero de modo diferente. Las chicas suelen practicar más el *sexting* activo, enviar imágenes o vídeos; y los chicos el *sexting* pasivo, recibir y visionar y difundir.

SEXTORSIÓN: Extorsión o chantaje hacia una persona que ha enviado fotos o vídeos con contenido erótico o sexual a otra, con ánimo de obtener un beneficio de índole sexual a cambio de que esa imagen o vídeo no salga a la luz.

TRANS*: Término paraguas para referirse a personas cuya identidad sexual o de género es diferente a aquella con la que fueron registrados al nacer.

TRANSFOBIA: La transfobia es un neologismo, derivado de la palabra homofobia, que hace referencia al conjunto de ideas y expresiones de desprecio, rechazo y odio hacia las personas transgénero o la transexualidad en general. Estas actitudes negativas, prejuiciosas y discriminatorias son un delito (*ver homofobia).

TRIC: Acrónimo formado por las siglas de «Tecnologías de la relación, la información y la comunicación», que empleamos para referirnos a las redes sociales y espacios virtuales en general. Anteriormente se denominaban TIC, pero en la actualidad se incluye la R para poner en valor su aspecto relacional.

6

BIBLIOGRAFÍA

6.1 CUENTOS PARA NIÑOS, NIÑAS Y ADOLESCENTES POR EDADES

Educación infantil

Babette, C. (2022). *¡Mamá puso un huevo! O cómo se hacen los niños*. Barcelona: Editorial Destino Infantil & Juvenil.

Barbe i Serra, A. (2011). *Cola de sirena*. Barcelona: Editorial Bellaterra.

Barbe i Serra, A. (2017). *Cosquillas*. Barcelona: Editorial Bellaterra.

Bela-Lobedde, D. (2022). *Color carne*. Barcelona: Penguin Kids.

Consejo de Europa (2018). *Kiko y la mano*. Estrasburgo: Consejo de Europa.

Díaz Reguera, R. (2018). *Me llamo Pecas*. Madrid: Editorial Nubeocho.

Gusti y Acosta (2018). *¡Vivan las uñas de colores!* Madrid: Editorial Nubeocho.

Lacasa, B. (2017). *Ni guau ni miau*. Madrid: Editorial Nubeocho.

Olid, I. y Vanda, M (2008). *¡Estela grita muy fuerte!* México: Editorial Fineo.

Richardson, Parnell, P. y Cole, H. (2020). *Con Tango son tres*. Pontevedra: Editorial Kalandraka.

Salvia, A. y Torrón, C (2023). *¡Se llama pene! Mi primer libro de educación sexual* (*Mini Menstruita*). Barcelona: Penguin Kids.

Serrano, L. (2021). *Tu cuerpo es tuyo*. Madrid: Editorial Nubeocho.

Walton, J. y MacPherson, D. (2017). *Ahora me llamo Luisa*. Valencia: Editorial Algar.

Educación primaria

Beer, S. (2021). *Familias llenas de amor*. Madrid: Editorial Edelvives.

Blais, M. y Gravel, K. (2023). *El rosa, el azul y tú*. Madrid: Editorial Nubeocho.

Brian, R. (2020). *El consentimiento* (*¡para niños y niñas!*). México: Editorial Océano Historias Gráficas.

Cerdà i Albert (2018). *Familiarium*. Barcelona: Editorial Comanegra.

Jimenez Lapsicomami. M. (2021). *Yo te lo explico: Qué, cuándo, cómo y dónde hablar de «eso»*. Madrid: Ediciones Anaya.

Lacasa, B.; Amavisca, L.; Gusti (2022). *Niñas y niños feministas*. Madrid: Editorial Nubeocho.

Mayle, P. y Robins, A. (2011). *¿De dónde venimos? Un clásico imprescindible de educación sexual para adultos y niños*. Madrid: Maeva Ediciones.

Peitx, M.; Losantos, C. (2018). *Bruno se hace mayor*. Barcelona: Editorial Juventud.

Peitx, M.; Losantos, C. (2022). *Mía se hace mayor*. Barcelona: Editorial Juventud.

Silverberg, C.; Smyth, F. (2019). *Sexo es una palabra divertida*. Barcelona: Editorial Bellaterra.

Torrón, C. y Salvia, A. (2020). *La regla mola (si sabes cómo funciona)*. Barcelona: Editorial Montena.

Torrón, C. y Salvia, A. (2022). *El semen mola. Pero necesitas saber cómo funciona*. Barcelona: Editorial Montena.

Torrón, C. y Torrón, M. (2021). *Tu cuerpo mola: Aprende a descubrirlo*. Barcelona: Editorial Montena.

Turín, A.; Bosnia, N. (2012). *Arturo y Clementina*. Pontevedra: Editorial Kalandraka.

Von der Gathen, K.; Kuhl, A. (2011). *Cuéntamelo todo: 101 preguntas realizadas por niños y niñas sobre un tema*. Barcelona: Editorial Takatuka.

Yamada, K.; Barouch, G. (2022). *Puede ser: Un cuento sobre tus posibilidades infinitas*. Madrid: Gaia Ediciones.

EDUCACIÓN SECUNDARIA

Bailey, A. (2004). *De sexo también se habla*. Madrid: Editorial SM.

Crespi, E.; Soler, E. (2019). *Habla con ellos de sexualidad*. Barcelona: Editorial Planeta.

Dawson, J. (2015). *Este libro es gay*. Barcelona: Editorial Puck.

Fisher, F. (2019). *Guía de supervivencia para adolescentes trans*. Barcelona: Editorial Bellaterra.

Galán, R. (2021). *Los amores*. Barcelona: Editorial Nube de Tinta.

Jiménez, M. (2022). *Acepta y vuela: De odiarme a amarme sin medida*. Madrid: Ediciones B.

Lienas, G. (2013). *El diario azul de Carlota*. Barcelona: Editorial Planeta.

Mayle, P. y Robins, A. (2013). *¿Qué me está pasando? Las respuestas a alguna de las preguntas más embarazosas del mundo*. Barcelona: Maeva Ediciones.

Piedra, M.; Castro-Grañén, L. (2022). *Sex FAQS. Lo que SÍ preguntan los adolescentes*. Barcelona: Editorial Larousse.

Plaqueta y Andonella (2020). *Amiga, date cuenta. Guía para la vida*. Barcelona: Editorial Zenith.

Soto, K.; Tepichín, M.; García, T. (2017). *A mí también: Si la adolescencia te ataca, lee este libro*. Madrid: Editorial Alfaguara.

Valero, D.; López, M. (2019). *LGTB para principiantes. 100 preguntas y respuestas para saberlo todo sobre el colectivo*. Madrid: Editorial Mueve tu lengua.

6.2 LECTURAS DE REFERENCIA

Ainsworth, M.; Blehar, M.; Waters, E. & Wall, S. (1978). *Patterns of Attachment: a psychological study of strange situation*. Hillsdale, NJ: Erlbaum.

Barroso, O. (2021). *Ni rosa ni azul*. Madrid: Editorial Sentir.

Bateman, A. y Fonagy, P. (2016). *Tratamiento basado en la mentalización para trastornos de la personalidad*. Bilbao: Desclée De Brouwer.

Bowlby, J. (2014). *Vínculos afectivos: formación, desarrollo y pérdida*. Madrid: Morata.

Consejería de Educación, Cultura y Deportes del Gobierno de Canarias (2007). «Guía didáctica SEXPRESAN». Multimedia para la educación afectivo sexual. Disponible en: https://www.gobiernodecanarias.org/educacion/web/programas-redes-educativas/programas-educativos/educa-igualdad/publicacion_00453/index.html

Council of Europe (2010) «One to five campaign». Disponible en: https://www.coe.int/en/web/children/underwear-rule

Cortejoso, D. (2020). «Guía Tecnologías y relaciones en la infancia y adolescencia». Burgos: Ayuntamiento de Burgos. Disponible en: http://www.aytoburgos.es/archivos/servicios-sociales/articulo/documentos/guia-tecnologia-e-infancia.pdf

Delpino Goicochea, Mª. A (2013). «Relaciones afectivas y sexualidad en la adolescencia». Madrid: Liga Española de Educación. Disponible en: https://www.observatoriodelainfancia.es/oia/esp/documentos_ficha.aspx?id=4113

Díaz Aguado, M.J; Martínez Arias, R; Martín Babarro, J. (2020). «Menores y violencia de género». Madrid: Ministerio de Igualdad. Disponible en: https://violenciagenero.igualdad.gob.es/violenciaEnCifras/estudios/investigaciones/2020/pdfs/Estudio_menores_final.pdf

Duque, I. (2022). *Acercarse a la generación Z.* Barcelona: Editorial Planeta.

FELGTB y CCOO Enseñanza (2018). «Guía sobre diversidad afectivo-sexual para adolescentes». Disponible en: https://www.educarenigualdad.org/pau-guia-sobre-diversidad-afectivo-sexual-para-adolescentes/

Fernández Cortés, I (2020). *Caminares.* Madrid: El Hilo Ediciones.

García Ruiz, M. (2017). «Guía didáctica para la educación sexual en centros de menores». Oviedo: Consejería de Servicios y Derechos Sociales. Gobierno del Principado de Asturias. Disponible en: https://www.observatoriodelainfancia.es/oia/esp/documentos_ficha.aspx?id=5366

Guerrero, R. (2020). *Educar en el vínculo.* Barcelona: Plataforma Editorial.

Hernández Morales, G; Jaramillo Guijarro, C. (2006). «La educación sexual de niñas y niños de 6 a 12 años. Guía para madres, padres y profesorado de primaria». Ministerio de Educación y ciencia. Disponible en: https://sede.educacion.gob.es/publiventa/d/12059/19/0

Hernández Morales, G y Jaramillo Guijarro, C. (2003). «La educación sexual de la primera infancia. Guía para madres, padres y profesorado de educación infantil». Ministerio de Educación, Cultura y Deporte. Disponible en: https://sede.educacion.gob.es/publiventa/d/11476/19/0

Horno, P. (2023). *Aprendiendo a habitarnos. Intervención psicoterapéutica con personas con historias de trauma.* Bilbao: Descleé de Brouwer.

Horno, P.; Gonzalez, E.; Moniño, C. y Ruiz, C. (2021). *Poniendo alma al dolor. Intervención psicoterapéutica con niños, niñas y adolescentes víctimas de abuso sexual infantil.* Bilbao: Descleé de Brouwer.

Horno, P. (2021). *Metáforas para la consciencia.* Bilbao: Desclée de Brouwer.

Horno, P. y Fernández, I. (2021). «Atrévete a sentir, atrévete a cuidar. Guía de educación afectivo sexual para adolescentes». Burgos: Ayuntamiento de Burgos. Disponible en: https://www.espiralesci.es/guia-de-educacion-afectivo-sexual-para-adolescentes-atrevete-a-sentir-atrevete-a-cuidar-y-cuidarte-elaborada-por-itziar-fernandez-y-pepa-horno-para-el-ayuntamiento-de-burgos/

Horno, P. (2018). «La promoción de entornos seguros y protectores en Aldeas Infantiles SOS América Latina y el Caribe». San José de Costa Rica: Aldeas Infantiles SOS (SOS Children's Villages Regional Office for Latin America and the Caribbean). Disponible en: http://www.espiralesci.es/guia-la-promocion-de-entornos-seguros-y-protectores-en-aldeas-infantiles-sos-en-america-latina-y-el-caribe-de-pepa-horno/ Also in English.

Horno, P. (2017). *Educando la alegría*. Bilbao: Descleé De Brouwer.

Horno, P. (2013). «Escuchando mis "tripas": programa de prevención del abuso sexual infantil en educación infantil».

Lleida: Boira. Disponible en: https://www.espiralesci.es/nuevo-libro-de-pepa-horno-escuchando-mis-tripas/

Instituto de la Juventud (INJUVE) (2021). «Informe Juventud en España 2020». Disponible en: https://www.injuve.es/observatorio/demografia-e-informacion-general/informe-juventud-en-espana-2020

Instituto Andaluz de la Mujer (1999). «Educación afectivo sexual en educación infantil. Guía para el profesorado. Adaptación del Programa HARIMAGUADA, de la Dirección General de Promoción Educativa». Consejería de Educación, Cultura y Deportes del Gobierno Canario. Disponible en: http://www.juntadeandalucia.es/iam/catalogo/doc/iam/1999/82_guia_profesorado.pdf

Laura Inter (2015). «¿Qué es la intersexualidad?». Disponible en: https://brujulaintersexual.org/2015/01/19/que-es-la-intersexualidad/

López Carvajal, Ana Mª & Rubio Castillo, Ana. (2015). «Guía de recursos y buenas prácticas de educación sexual». Madrid: Centro Reina Sofía sobre Adolescencia y Juventud, Fad. Disponible en: https://www.adolescenciayjuventud.org/publicacion/guia-de-recursos-y-buenas-practicas-de-educacion-sexual/

M. Vela, J. A. y Martín, N. (2020) «Respuestas sobre la orientación afectivo sexual e identidad de género». Madrid: COGAM. Disponible en: https://cogam.es/wp-content/uploads/2020/07/guiarespuetas_altasinmarcas.pdf

Malnero, N. (2022). *Sexperimentando: Todo lo que no se atrevieron a contarte: aprende y disfruta*. Madrid: Planeta.

Main, M. & Solomon, J. (1986). «Discovery of a new, insecure-disorganized/disoriented attachment pattern». In T. B. Brazelton & M. Yogman (Eds), *Affective development in infancy*, pp. 95-124. Norwood, New Jersey: Ablex.

Martín, L. (2012). «Guía didáctica sobre transexualidad para jóvenes y adolescentes». Madrid: COGAM. Disponible en: https://cogam.es/wp-content/uploads/2016/12/Gu%C3%ADa-did%C3%A1ctica-sobre-transexualidad-para-j%C3%B3venes-y-adolescentes.-COGAM-1.pdf

Martín, A. (2014). *Sexualidad contada para niños y niñas*. Madrid: Editorial Susaeta.

Municipalidad de Santiago (2016). «100 Preguntas Sobre Sexualidad Adolescente». Santiago de Chile: Municipalidad de Santiago. Disponible en: http://corpade.cl/2072/descarga-gratuita-del-libro-100-preguntas-sobre-sexualidad-adolescente/

Olid, I. y Vanda, M (2008). *¡Estela grita muy fuerte!* México: Editorial Fineo.

OII Europe (2020). «Apoyando a tu hijo (a) intersex». Disponible en: https://oiieurope.org/wp-content/uploads/2020/12/PTK_espanol.pdf

Organización Mundial de la Salud (OMS) (2019). «Recomendaciones de la OMS sobre salud y derechos sexuales y reproductivos de los adolescentes». Ginebra: Organización Mundial de la Salud. Disponible en: https://www.who.int/reproductivehealth/publications/adolescent-srhr-who-recommendations/es/

Parra Abaúnza, N. (2018). «Colección de guías sobre derechos sexuales y reproductivos de las mujeres jóvenes». Instituto Canario de Igualdad. Disponible en: https://www.gobiernodecanarias.org/icigualdad/organismo/los_servicios_al_publico/ediciones_publicaciones/publicaciones_del_ici/guias-sexualidad/

Pescador Albiach, E. (2019). «Colección de guías sobre derechos sexuales y reproductivos desde la perspectiva de las masculinidades en intervención con jóvenes». Instituto Canario de Igualdad. Disponible en: http://www3.gobiernodecanarias.org/medusa/edublog/cprofesnortedetenerife/25838-2/

Programa HARIMAGUADA (1994). «Carpetas didácticas de educación afectivo sexual». Consejería de Educación, Cultura y Deportes del Gobierno de Canarias y Ministerio de Educación y Ciencia (MEC). Disponible en: https://www.harimaguada.org/materiales-didacticos/

Romeo Biedma, F. J. y Horno Goicoechea, P. (2021). «Ver para proteger. Claves para comprender la violencia contra niños, niñas y adolescentes y para desarrollar medidas de protección eficaces». Madrid: UNICEF España. Disponible en: https://www.espiralesci.es/manual-ver-para-proteger-claves-violencia-contra-ninos-ninas-y-adolescentes-desarrollar-proteccion-f-javier-romeo-y-pepa-horno-unicef-espana/

Romeo-Biedma, F. J. y Horno, P. (2020). «Kiko and the Hand. Training for Trainers Manual. Protective Teachers, Protected Children: Preschool Training to Prevent Child Sexual Abuse». Estrasburgo: Consejo de Europa. Disponible en: https://www.espiralesci.es/kiko-and-the-hand-training-for-trainers-manual-protective-teachers-protected-children-preschool-training-to-prevent-child-sexual-abuse-by-f-javier-romeo-biedma-pepa-horno-council-of-europe/

Rosa de Bustos (2021). «La identidad de género en la historia». Disponible en: https://www.lavanguardia.com/historiayvida/historia-antigua/20200901/33040/identidad-genero-historia.html

San Juan, C. (2020). «(Des)información sexual: pornografía y adolescencia». Madrid: Save the Children España. Disponible en: https://www.savethechildren.es/sites/default/files/2020-11/Informe_Desinformacion_sexual-Pornografia_y_adolescencia.pdf

Santacruz, D (2017). «Respuestas fáciles a preguntas difíciles. Guía de educación sexual integral para familias». Madrid: Save the Children. Disponible en: https://www.savethechildren.es/sites/default/files/202107/respuestas_faciles_a_preguntas_dificilespdf.pdf

Santacruz, D. (2020). «Tenemos que hablar del porno». Madrid: Save the Children España. Disponible en: https://www.savethechildren.es/sites/default/files/2020-09/Tenemos_que_hablar_del_porno.pdf

STEILAS LGTBIQ TALDEA (2015). «Guía para trabajar la diversidad afectivo sexual y de género». STEILAS. Disponible en: https://steilas.eus/files/2015/05/GUIA-diversidad-sexual-y-genero.-STEILAS-2015.pdf